カラフルな学校づくり

ESD実践と校長マインド

住田 昌治

学 文 社

サスティナブル・マップ

世直し校長先生との出会い

聖心女子大学　永田　佳之

ここに一枚の絵がある。現場の先生方が作成した「サスティナブル・マップ」だ。絵を見ていると、実に楽しそうな雰囲気が伝わってくる。そこに描かれているのは教室で学ぶ光景や校庭で遊ぶ光景など、通例の学校の日常のようであるが、この中には学校を持続可能にしているエレメントが１００以上、詰まっている。

一例を挙げると、「個性豊かで、自分の得意なことを発揮しやすい雰囲気があります」や「子どもの話をよくしています　職員会議ではまず子どもの話からスタート」「だれとでもつながろうとしています」などである。

なかには「朝から笑い声が聞こえる職員室」という持続可能性《サスティナビリティ》もある。本当にそんな楽しい職場があるのかと思いつつ朝一番で学校を訪れたことがあるが、本当だった。早朝から愉快な笑顔がみられる職員室。しかも、会話の話題は学校の子どもたちの成長だったり変容だったり、子どものことを話す先生は実に幸せそうだ。

この小学校は、横浜市のとある公立小学校。校長先生は住田昌治さん。住田先生との出会いは

10年ほど前のユネスコスクールの集いであった。ユニークなアイデアと実践に関する発表に聴き入ってしまったのを覚えている。学生時代にはバスケットボールの関東大学リーグで活躍しただけあって、とても背が高くスラッとしていてカッコよく、一方でこの上なく柔和で温厚なジェントルマン――この第一印象は今でも変わらない。

最初の出会いから、定期的に開催される公開研究会等の機会に幾度も足を運ばせていただいたが、同校は激変したと言っても過言ではない。ただ、激変といっても、トップダウンの改革ではなく、ジワジワと変容を遂げ続けたのだ。

住田校長が特に関心を寄せていたのは、ユネスコ等が中心となり各国で推進されていたＥＳＤ（持続可能な開発のための教育）だった。時折、海外の教育事情について聞かれ、海外では、これこれこんなＥＳＤの実践があるなどとお伝えすると、そこからヒントを得て、いつの間にか独自の実践を展開してしまう。そのようにしてこの学校で生まれた工夫は枚挙にいとまがない。

ある時、予定調和的な旧来の指導案はやめたほうがいいと無責任に言ったら、その数ヵ月後に、曼荼羅風の指導案らしからぬ授業デザイン・シートができていた。また、ニュージーランドの職員室は兼カフェであると伝えたら、職員室に居心地の良いカフェコーナーができていた。さらに驚いたのが、冒頭で述べたマップ。英国ではサスティナブル・スクール構想がかつてあり、ＥＳＤ実践校を中心にした地域のマップ作りも行われていると伝えると、あれよあれよという間に校内外の持続可能性を１０６も描いたサスティナブル・マップが作られた（表紙絵参照）。これらのアイデアや実践を支える理論の大半はＥＳＤが元になっている。

右記以外にも持続可能な学校を支えてきた実践上の工夫はいろいろあるが、いずれもトップダウンではない。確かに働きかけは校長先生からではあるものの、現場の教師たちの自主性と創意工夫が重ねられて培われた実践である。通例、これほどの新しいアイデアを校内に導入すれば、教員の方は矢継ぎ早の改革に畳み掛けられて嫌気がさしてしまう。しかし、この小学校の場合は、逆に、ありとあらゆる試みの過程で楽しんでいる教職員の姿があった。まずもって大人のワクワク感が大切にされ、結果よりもプロセスを大切にする感覚が日常で共有されていた学校であった。

こうした実践に理論を見出すとすれば、それは学校全体での取り組み、すなわち、ユネスコ等が推奨する「ホールスクール・アプローチ」であった。筆者はそれを「学校まるごとＥＳＤ」と呼んでいる。ただし、学校全体を対象に目標を掲げて改革を推し進めていく手法とは決定的に異なり、子どもや教師に寄り添いながら生み出す「変革」であり、旧態依然たる「学校文化」に変容を迫る過程でもある。

気合いを入れてＥＳＤを実践していこうというよりも、気づいたらＥＳＤを実践していた、もしくは何が何だかわからないけれどやり甲斐のある仕事に没頭していたら、世間はそれをＥＳＤと呼んでいた――こんな具合だ。これを、いつの間にか「ＥＳＤ色に染まっていた」という現場感覚をもって「もみじアプローチ」と住田校長は呼んでいた（62頁図参照）。前述のとおり、トップダウンで一気にＥＳＤ色に染め上げるのではなく、徐々にジワジワとＥＳＤらしさを浸透させていくのである。このアプローチが功を奏し、まず校長を含めた教師らが変容し、次に子どもたちが変わり、そして保護者、地域が持続可能な未来に近づいたといえる。

さて、この小学校の変容は教育にとどまらなかった。ＥＳＤが根づくにつれ、人が働くということや暮らしそのものへの変容へとシフトしていった。「国連ＥＳＤの10年」（２００５−２０１４年）の後は特に、教育を超えて働きや暮らしへと住田校長の眼差しは向かっていった。

こうした志向性は、世にはびこる新自由主義的な教育改革とは根幹を異にする。新自由主義は、すべての人間は権力や財、有用な情報や知識・技能を欲しているというような考えに立脚している。実際に、こうした考えにもとづいた教育改革が各国を席巻している。ところが、後続の章で示唆されているように、住田校長の人間・社会観では、人間はそもそも幸福になるべくして生まれた存在であり、競争のためにあくせくと労働したり、効率性一辺倒の暮らしをしたりする存在ではなく、生きとし生けるものが集い、相互に助け合いながら生きていく存在なのだ。

「はたらく」とは「はた」、つまり他者を「らく」にすることだと聴いたことがある。まさに住田校長の「働き方改革」は他者を直接・間接に楽にする——ひと様の不自由さを少しでも自由に変えていく、そんな世直し運動なのかもしれない。

本書に描かれたのは、横浜市の特別な小学校に起きた特定の物語というよりも、どこにでも在る普通の小学校の普通の先生たちによる日常であろう。そんな情景から少しでも全国の先生たちが「らく」になり学校が元気を取り戻す一助になることを願わずにはいられない。

カラフルな学校づくり・もくじ

未来は、私たちをただ待っていてはくれません。

20年後、30年後、考えられる社会は二つです。それは、持続可能な社会と持続不可能な社会です。今、何もしなければ、持続不可能な社会が待っています。しかし、私たちが意識を変え、行動し、ライフスタイルが変容するのならば、持続可能な社会が待っています。私たちの選択が未来をつくるのです。日々の生活のなかで私たちがどのような選択をし、行動するのか、未来は、私たちの行動と変容を待っているのです。

住田　昌治

第1章　校長って何をする人ですか

――サーバントリーダーシップで

「どうせ校長先生が最後に決めるわけだし、自分たちで決めたことともひっくり返されることあるから、初めに「お伺いを立てて」おくんですよ」――こんな話を今でもよく聞きます。決定権はすべて校長が持っている。校長の強いリーダーシップで学校経営を推進しているということでしょう。でも、これでこれからの学校経営を担う教職員が育つのでしょうか。

はじめに

校長になってから8年間、一つの学校で校長を務めました。その学校についてお話しします。これまでいたって穏やかに？　学校経営をしてきましたが、ユネスコスクールの仲間からは、なぜか「暴走校長」と呼ばれています。人と同じことをやるのが嫌で、いつも何か人と違うことをやってやろうと考えていました。かといって強引に進めることはせず、温かい人間関係を築きながらジワジワとイノベーションを起こすタイプだと思います。批判的思考力が旺盛で、前例踏襲とか旧態依然、意図的・計画的という言葉を好まない、というか、そんなことにはあまり価値は見出しません。ＥＳＤ（持続可能な開発のための教育）に魅力を感じて取り組み始めたのも、これまでの教育や学校のあり方自体を見直し、持続可能な学校に変えていけるチャンスだと思ったからです。

そんな私が校長になったものですから、自分などが公立学校の校長であっていいのかと思いながらも、やりたいことを少しずつ実現しながら楽しく務めています。きっと小学校の時の担任が聞いたら「まさか、あの住田君が、先生？　えっ！　校長先生やっているの、学校は大丈夫かしら、いつも注意散漫だったのに」と驚くかもしれません。昔の私のことを知っている人は誰もが、教えられることはあっても、教えることはないだろうと思っていたはずです。まぁ、これも運やタイミングが良かったからで、決して自分に実力が備わっていたからではありません。もう少し言うと、健康状態と人間関係が良かったからだと思います（人間関係と言っても、コネではなく、育ててくれた人や支えてくれた人に恵まれていたという意味です）。

校長になって、また多くの学校を見てきて、まず申し上げたいのは、「校長が替わると、学校が変わる」ということです。それはそうだと思われるかもしれませんが、これは大きな問題です。校長次第で学校は良くも悪くもなるからです。どんどん良くなればいいですが、どんどん悪化してはいけません。

学校が活性化すると地域や家庭の目が学校に向くようになります。学校と地域・家庭の垣根が低くなって、フラットの関係での交流や連携が生まれます。ますます、活性化が進み、学校をコアとした町《まち》全体が活性化していきます。こういう好循環をもたらすことが、これからの学校の大きな役目です。持続可能な地域社会は、持続可能な学校から生まれるのです。逆に、学校が疲弊し、元気を失っていくと、閉鎖的・排他的になり、悪循環を生み出します。そうなると、何をやっても上手く回らなくなり、ますます悪循環に陥って、抜け出せなくなります。私は、長い経験から好循環をもたらす方法も悪循環を生み出す方法も知っています。この本では、いい学校をつくり、好循環をもたらす方法の一部をお知らせしたいと思います。

校長としてのスタンス——いつでも機嫌よく

唐突ですが、私はいつも自信がありません。今でも他校の校長の言動を見ると、堂々としていて、自信たっぷりで迷いもなく、力強く振る舞っているように見えます。「どこから来るのだろうか、その自信は。」と自分を振り返り、そうはできない自分にますます自信をなくしてしまいます。自信のない私はますます自信を失わないように、苦手なことは他の人にやってもらうことにしています。

苦手なこととは何かというと、「本を読むこと」「人前で話すこと」「人と同じことをすること」です。絶対そのように見えないとか、校長としてあるまじきことだとか怒られそうですが、本当に苦手なのです。それぞれに理由はあるのですが、それを分析して克服する時間とエネルギーがあったら、得意なことややりたいことに力を注ぐようにしたいと思うのです。その延長線上で、苦手な話すことが出てきた場合は、やらなければならないと自分を追い込みながら務めます。

教職員のみなさんにも同じように考えてやってもらえばよいと思っています。しかし、人それぞれで考え方は違いますし、苦手なことにも取り組んだ方がいい時期もあるのかもしれません。いずれにしても、自分の考え方を押しつけないようにしています。こういう考え方をするのは、偏屈な私だけで、少々無理をしても苦手なことは克服した方がいいと思うのが普通でしょう。そのためには、少々疲れても、上手くいかなくて悩んでも、腹が立って機嫌が悪くなっても構わないと考えるのかもしれません。でも、私が充実した日々を送り、機嫌よくしていることは、学校経営上重要なことだと考えています。やり方はどうであれ、私の機嫌が悪いとおそらく学校全体の雰囲気が悪くなります。私が機嫌よくしていることは、校長としての基本的なスタンスなのだと思うのです。学校をよくする第一歩は、そんなことなのかもしれません。

そう考えると、こんなにわがままな私を校長にしてくれたのは周りの人であり、校長として成長させてくれたのも周りの人です。私をリーダーと言うならば、周りの人はフォロワーです。

強いリーダーシップを求められる校長ですが、私のように弱いリーダーでも、強いフォロワーによって、強いチームはできます。学校でいうと、教職員が主体的に学校経営に関わり、元気で楽しく、働きがいのある学校にできるということです。

「元気な学校は元気な教職員から、持続可能な社会は持続可能な教職員から！」「どのようにしてフォロワーから信頼を得て元気で持続可能な学校をつくるか？」「先生方が子どもと向き合い、授業に打ち込めるようにするために、私が何をしてきたか？」等々、今ではＥＳＤを通して研修をしたり、講演をしたりする中で人に伝えることができるようになってきました。ここでも本当に自分でよいのか？　と、まだ自信はありませんが、自分自身が実践してきたことなので、お伝えできているのかもしれません。

やらされ感につながらない伝え方

校長として、よい学校を創るためには、教職員がやらされ感を抱かないようにすることが肝要です。それは、学級において、担任が子どもにやらされ感を抱かせないのと同じで、人に動いてもらうためには伝え方が大事です。

「○○さん、これをやってください」「これは、このようにやってください」というような命令や指示だと、言われた側は当然ながら、「やらされている」と感じてしまうことになります。本人の意思とは関係なく、やらないと怒られ、やれば褒められるという「アメとムチのマネジメント」です。発達段階・成長段階の中で、指示や命令が必要な段階もありますが、いつまでもそこで立ち止まっていては指示待ち人間になってしまいます。これでは「校長先生、指示してください。命令してください。してくれないならやりません」「やったのに褒めてもらえないならもうやりません」「やれと言われてやったのに、叱られるのならもうやりません」という怪しい先生になってしまいます。こういう先生が蔓延すると、学校は活気のない、事なかれ主義のつまらない学校になってしまいます。私が見る限りでも、結構こういう学校は多いです。

校長も、教職員から求められたことに応えて指示・命令を出すことに喜びを感じるようです。「それは私に聞いた方がいい。今までずっとやってきたし、得意分野だから教えてやるよ」「私の言う通りやってごらん。ほら、上手くいっただろう」「こっちのやり方でやってみて。他のやり方ではだめだよ」、それでいて、「うちの学校の先生は、主体性がなく、内向きで、やる気ないんだよね。先生の学校はいいよね、やる気がある先生が多くて、うちの学校の先生には任せられないよ」と言います。そんな時、「あなたは、いったいどんな学級経営をしてきたのか」「子どもの主体性を引き出すって、どの口が言っていたのか」と言いたくなります。そして、先生たちはというと「うちの学校って、こなす仕事ばかりだよね。生産的じゃないし、創造的じゃない。校長の言う通りにやらなきゃいけないんだから」と言うようになります。こういう残念な学校は何とかしなければなりません。

校長のつぶやき戦術

私が、どうやって効果的に伝えるようにしているのかお伝えします。

「校長先生がそばを通ると、何かぶつぶつ言うんだよね」「対話をしていると、知らないうちに『自分がやります』って言っちゃったよ」と、先生たちは言います。何かを感じ「よし、やろう」という自主的な行動を起こすわけです。自ら考えて解決していくので、フォロワーの自主性を引き出すことができます。「こういうのがあるんだけどなぁ」「発表してくれる人、いないかなぁ」「見て、これ、いいでしょう? うちの学校でもできるといいよね」「あなたは、こんなことに興味があると言ってたよね。これ、どう?」「どうやってやればいいと思う?」「何かいいアイデア、あったら教えて」「どうしたい?」「やりたいことある?」「やめたいことある?」……。こうつぶやいていくのです。そして、大切なのは「間」です。待てない先生は、子どもの考えは引き出せません。経験の浅い先生は沈黙を嫌います。経験を積んで校長になったのですから、この「沈黙の間」を効果的に使って先生の自主性を高めていきたいものです。

対話の中で、「○○さんは、こういうことが大事だと言ってたよね……」とつぶやいた後、すぐに答えを期待せず、黙り込みます。そうすると、つぶやかれた先生は、考え込みます。間を置いて「それは、どうすればできるだろうね……」とつぶやきます。そうすると、自分のやってみたいことが次々と出てきて、話し合いが進み、お互いに結構楽しい時間になります。そうやって決まったことにはやらされ感が排除されているのです。これも、長年の学級経営で身につけた技です。

立ち位置を変えて――サーバントリーダーシップで

サーバントリーダーシップ*という考え方があり、私のことを、サーバントリーダーだと言ってくれる外部の方もいます。これまでのような支配型のリーダーではなく支援型のリーダーになることです。トップダウンからボトムアップに変えることと示されることもあります。しかし、私

＊ **サーバントリーダーシップ**：ロバート・K・グリーンリーフ（米 1904～1990）が1970年に提唱した「リーダーである人は、まず相手に奉仕し、その後、相手を導くものである」というリーダーシップ哲学。単に方法やメリットを示すリーダー術というよりも、人間性への深い洞察にもとづく哲学であるとして、多くの人々から支持されてきた。サーバント・リーダーは組織における自分たちのミッション（使命）をしっかり把握し、その方向に部下たちが向かっている限りは、支え、励まし、援助する。部下の行動がミッションに合致していなければ、行動を改めるように部下に強く指導する場合もある。（『サーバントリーダーシップ』金井 壽宏監訳・金井真弓訳、英治出版、2008年）

が考えるサーバントリーダーシップは、「立ち位置を変える」ことです。今までピラミッドの頂点にいたリーダーが、逆ピラミッドを支える立場をとるのです。たくさんの情報を一方的に流すのではなく、逆にみんなの情報を引き出し、まとめて提案する型です。「言うは易し、行うは難し」ですが、自分がもっている知識やアイデアより、さまざまな年代の教職員から出てくるアイデアの方が、量が多く質は高いのです。自分が気づけないようなこともたくさんあり、学びも多くなります。サーバントリーダーシップは、教職員も校長もともに成長することができるモデルになると考えています。

教師としての経験と成長に合わせて「承認・任せる」、「感謝・信頼」を心がけることが、教師自らが仕事への自覚をもち、任された仕事に対して自ら意思決定ができる力を育てます。一人一人がこうなれば校長はいなくても学校は回るようになります。いちいち校長に判断や決定を委ねないので、対応も問題解決も早くなり、事態の悪化も防げるので、それが多忙解消にもつながります。学校としてのビジョンが共有されていれば、大きな判断ミスも起こりません。自分で選んだり、決めたりできるようになった先生たちは、働き方も主体的になり、外部とのコラボレーションも自主的に行うようになります。学校に多くのサポーターが訪れるようになるので、自ずと活性化します。来校者からこの学校が元気な学校だと言われていたのは、この好循環が理由なのです。私は、ただ感謝して見守るだけでした。

リーダーが凄すぎたり、リーダーが一人で頑張り過ぎるために、誰もついていくことができず機能不全に陥っている学校があります。これからの学校は、リーダーがフォロワーを活かし、リーダーは、自分と自分の周囲の世界を俯瞰して観察するゆとりをもち、隠居のように学び、時に問いを発するようにするのがよいと思います。教職員がいくら学んでも、校長が学ばず変化に臆病であれば、学校は、やる気を失い、疲弊します。また、強いリーダーシップを勘違いして、自分の考えを押しつけ、先頭に立って改革を推進し、何にでも口を出してしまうようでは、先生たちのエネルギーを削ぎ落とします。そんなことなら、何もしないほうがまだましです。

教育改革が進められているこの時期に一番必要なことは、校長がリーダーシップとマネジメントを学ぶことです。「働きやすい職場をどうやって創るか」「働きがいをどうやって育てるか」「自ら動く教職員をどうやって育てるか」「持続可能な教職員を育てるためにどのような環境整備をするか」。今こそ、持続可能な学校文化をつくるために「サーバントリーダー」のあり方について、すべてのスタート地点で語られるべきでしょう。いくら大学で教員養成に力を入れても、初任者研修で若い先生たちを缶詰にしても、管理職研修で行うべき重要なことが抜け落ちているので、古い学校文化を変えていくことができません。「校長が替われば、学校が変わる」この言葉が、悪い意味で使われないようにしなければなりません。

どこ見て仕事している？

「ユネスコスクールやESD、他にもいろいろやっているし、結構学校も大変だと思うけど、どうして教員のストレスチェックの結果は、あんなにいいの？　その理由は一言で言うと何？」——行政の経営責任職のある方から、そんな質問を受けました。

「一言ですか。一言で言うならば『ケア』です。お互いに声を掛け合ったり、気に掛け合ったりすることを大切にしています。周りの人はどうかな？　取り巻く環境はどうかな？　そして、何よりも自分の状態はどうかな？　と気に掛けることです。ケアが学校中に溢れればストレスも軽減できるのではないでしょうか。」

仕事がうまくできるのも大切ですが、人間関係はもっと大切です。職場の雰囲気が良く、居心地が良ければ自ずと仕事もはかどります。日常的に起こる問題の原因は、人間関係の悪化である場合がほとんどだと言われています。よく「先生が先生に疲れている」「先生が先生を恐れている」という嫌な言葉を耳にします。元々職場には、ばらばらな価値観、違う性格の人が集まっているわけですから、自分の考えを主張すればぶつかり合うのは当たり前です。ケアし合わないで、我を張り合えば、職場はイライラやギスギス、トゲトゲで溢れることになります。そして、声が大きい人や経験が豊富な人が幅をきかせる息苦しい職場になってしまいます。居心地の悪い職場だと、やる気は湧いてきません。何をやっても多忙感や疲弊感を感じてしまいます。お互いを認め合う余裕や失敗を許す優しさも生まれません。言いたいことが自由に言える雰囲気にもならず、前例踏襲・旧態依然の悪しき学校文化を継承してしまうことになります。

また、他校の先生から、こんな話を聞くこともあります。「校長先生の機嫌が悪そうな日は、相談や提案をしないようにしている」「校長室のドアがいつも閉まっていて、いるのかどうかわからない」「校長先生が飲みたそうだから、急に飲み会に参加するように言われる」等々。校長先生！どこを見て仕事している？教員にケアされるのではなく、教員をケアしなきゃ。校長には、教員がいつもどうしているか、元気でやっているか気に掛けてほしい。時には静観し見守り、心配な時は副校長や主幹教諭に代わりに声を掛けてもらったり、相談に乗ってもらったりしてほしい（この学校の職員室では、私が言うまでもなく、お互いにこれらのことが行われていました）。

教員は、子どものことをケアする。教員同士ケアし合う。クラスに居場所はあるのか？職員室に居場所はあるのか？と。しっかり子どもと向き合っているのか確認し合うことが肝要です。教員がしっかり子どもと向き合うために、とよく言われますが、校長や上司の顔色ばかり窺《うかが》っているようでは、肝心の子どもと向き合うこともできません。

校長は、いつも機嫌よくしていることです。そして忙しそうにしていてはいけません。いつでも教員が校長に話しかけやすい状況をつくっておくことが、教職員に対するケアになります。先生たちが教室でしっかり子どもと向き合えるように環境を整え、負担を減らすことこそ校長の仕事だと思うのです。

役職の鎧《よろい》を脱いで

　職員室では自分の仕事だけしっかりやって、実績を上げればいいと思っている人がいるかもしれません。しかし、周りのことは気にせず、自分のことばかり考えていては、常に変わりゆく子どもの変化には気づきません。もちろん隣に座っている仲間の変化にも気づきません。いつの時代もストレスを感じることなく生活することはできませんが、近年、授業だけでなく、子どもの問題行動や保護者対応に苦慮することが増えています。それを一人で抱え込み、親身になって相談に乗ってくれる仲間がいなければ、抱えるストレスも限りなく増大します。お互いに気に掛け合い、言いたいことが言える関係をつくっておけば、ストレスも軽減するはずです。ケアを浸透させるのは時間がかかりますが、じわじわと職場に染み込ませていけば、ストレス軽減の好循環が生まれます。一つの方法として、職員室にカフェコーナーを設けることは効果的です。仕事机から離れて、お茶を飲んだりお菓子を食べたりしながら、気

職員室の片隅に設けられたカフェスペース

軽に話をすることができる空間をつくることは、職員室の雰囲気を和らげます。

現代を代表するエコロジー思想家、イギリスの「シューマッハ・カレッジ」の創設者であるサティシュ・クマール氏に聞いたことがあります。「これから職員室を変えていきたいと思うのだけども、何をすればいいのでしょうか?」、それに対して、サティシュは、「一緒に食事をしなさい。職員室で立場や肩書きを捨てて、教師という鎧を脱いで、一緒に食べなさい。食べることができなければお茶を飲むだけでもいい。そういう場と時間を持つことです」と話してくれました。そんなことかと思う方もいるかもしれませんが、食卓を囲むということは人間の歴史上、ケアを築く場であったはずです。

筆者とサティシュ・クマール氏
(2016年、シューマッハ・カレッジにて)

人からどう思われるかを気にすることが自分らしさを消してしまいます。人に不快感を与えるのは困りますが、人の目ばかり気にしていては、自分らしさを殺すことになり、我慢が増えます。それではストレスが溜まるばかりです。素の自分が出せたらどんなにか楽でしょう。私は校長の鎧を着て学校にいます。副校長も教職員もそうです。食べる時、飲む時くらいは、その鎧を脱いで、フラットに人と人として対話することができる職員室にすることです。いくら、設備を整えても、配置を変えても、中にいる人とその関係性が変わらなければ、結局職員室は変わりません。せっかくお金をかけても、虚しいだけです。ハードよりハートです。

「すべての教師のために。」（木村百合子さんプロジェクト）という冊子に、「孤立しない・させない学校を～白い丸いテーブル」という話がありました。配慮を要する子どもたちへの対応で苦慮し、保護者からの執拗かつ攻撃的な非難を受ける中で、ついに心折れて自殺してしまった小学校の新任女性教諭の話です。彼女が着任した学校は、職員室の片隅にあった「白い丸いテーブル」に集まって、お茶を飲み、いろいろな話をしていたそうです。しかし、新しく着任した校長が、管理を強化するためにその白いテーブルを撤去してしまいました。そこから職員室の雰囲気は一変し、ギスギス感だけが漂い、誰も職員室に戻らず、教室に閉じこもるようになりました。職員室は、他人のことなんかかまっていられないというよそよそしい雰囲気になりました。管理職は、保護者からのクレームに苦慮する新任教師を叱責し、職員室でも誰も彼女を気遣う余裕はなくなっていました。彼女は自分を責める気持ち、見捨てられているという孤立感を感じていました。そして、抑うつと診断され、教師になってわずか2か月、自ら命を絶ってしまったのです。亡くなった彼女の父親は「もし、それまであったという職員室の片隅の白いテーブルが残っていたら……うちの娘は死ななくて済んだかもしれない」とおっしゃっていたそうです。同僚性とか共同性は、一見ムダだと思われた時間と空間が創り出すものだという話も印象深いものでした。

「校長先生、ここは私がやりますから」

校長になったばかりの頃の話です。副校長から校長になって肩書きは変わっても、一日にして考え方や行動が変わるものではありません。副校長の時は、学校の教育活動に関わることをすべて自分で判断してやるように校長から任されていました。退職間際の校長でしたから、副校長の私を育てるつもりで任せてくれていたのだと思います。学校経営でやりたいことがあった私にとって、大変有難いことでした。やりたいことをやらせてくれる校長先生に心配をかけないように、さまざまな対応が校長先生のところまで行かないように心がけていました。すべて自分が中心となって対応するという習慣は、校長になっても抜け切れませんでした。着任したばかりの4月の初めに起こった児童同士のトラブルに対して、保護者が面談を希望してきた時も、担任や学年主任、副校長を飛び越えて土曜日に面談を行いました。いつも自分が前面に出て、対応し、解決していけばいいものだと思っていました。先生たちがどう思っているか、どのように見ているのか、そんなことを考える余裕もなかったのだと思います。

校長になった年の11月、ユネスコスクール*に加盟し、取組みを始めようと職員室で話していたら、ある若い教員から声をかけられました。「校長先生、私がみんなに話しますから、先生は言わない方がよいと思います」と。

ユネスコスクール活動の推進についても、横浜ではまだ誰もやっていないことをやろうとしていたので、自分が中心となって進めなければならないと思っていました。しかし、ユネスコスクールやESD**という聞いたことがないようなものを学校に持ち込もうとするのですから、職員室は不安気で冷めた雰囲気になっていたのです。新しく来た校長が何かわけのわからないことをやろうとしていて、困ったものだ、という感じだったのだと思います。私も薄々職員室の雰囲気が良くないのは感じてはいましたが、なおさら何かしなければならないという思いでいました。それ

＊**ユネスコスクール**：ユネスコ憲章に示されたユネスコの理想を実現するため、平和や国際的な連携を実践する、ユネスコに認定された学校のこと。その数は、現在、世界180か国以上の国・地域で1万校以上にのぼる。日本でも1000校を超える学校が加盟。幼稚園、小、中、高等学校、教員養成機関等、国公私立を問わずさまざまな教育機関に申請資格が開かれている。日本ではユネスコスクール加盟の前提としてESDをすでに実践に取り入れていること、そして加盟後はESD推進拠点として機能することが求められている。ユネスコスクールのネットワークを活用し、国内外のユネスコスクールとの交流も図られる。(「ユネスコスクール加盟申請の手引き」ユネスコスクール事務局、2017年、文部科学省HP他参照)

＊＊**ESD(持続可能な開発のための教育)**：気候変動、環境破壊、貧困の拡大、生物多様性の喪失等、地球規模の課題が増大し複雑化するなか、これら地球規模の課題を〈自分ごと〉としてとらえ、身近なところから取り組むことにより、課題の解決につながる新たな価値観や行動を生み出すこと、そしてそれによって持続可能な社会を創造していくことを目指す学習や教育活動のこと。(『ユネスコスクールと持続可能な開発のための教育(ESD)』日本ユネスコ国内委員会、2008年他参照)

を感じたユネスコスクール担当が、自分が進めるから、私には下がって見守るように進言してくれたのです。

その教員は、国際理解教育に熱心で、元々ユネスコスクールには関心があったようです。ユネスコスクール加盟の話をしたら、すぐに賛同し、ユネスコスクールの担当を引き受けてくれました。若いけれども、視野が広く、地域とも連携しながら教育活動をつくっていました。言いたいこともはっきり言います。ユネスコスクール加盟時に、メディアが取り上げた内容が、環境教育に偏っているのを見て、校長室に入ってくるなり、「こんなことでユネスコスクールになったのなら、私はユネスコスクールの担当をやめます！」と。そこは、記者は取材通りに記事は書かないことや環境教育に偏った取組みをするつもりはないことを伝えて、何とか納得してもらいました。

この件があってから、私が表に出て取組みを進めていこうというのではなく、先生たちに任せて、どんどん外に出て学んでもらったり、発表したりしてもらおうと思うようになりました。このように、若い教師や教え子から学ぶことも多いものです。彼女の一言がなかったら、職員室の先生たちと、トップダウンで進めようとする私の間にギャップができ、ぎくしゃくした関係になっていたでしょう。その後のさまざまな取組みも生まれてこなかったと思います。

私が、ユネスコスクールやＥＳＤについて職員会議で説明したのは、校長になって5年が経った時でした。ＥＳＤの社会的な認知度も上がり、学習指導要領にも盛り込まれるようになりました。少し、先取りをして取り組むときや、今までやったことがない、よくわからないようなことを学校に取り入れるときには、時間をかけてじわじわと学校全体に染み込ませていく方法がいいことがわかりました。しかも、それは校長のトップダウンでなく、教職員のチーム力で進めていくことが肝要なのだと実感しました。

私を救ってくれた、こういう情熱溢れる先生はどこの学校にもいるはずです。その情熱を出せる環境と場をつくることが必要です。

学校は教職員を幸せにするためにある――伊那食品工業株式会社に学ぶ

学校は子どもが主役、子どものためにあると言えば反対する人はいません。しかし、学校は教職員のためにあると言えば、「子どものためだろ！」と怒られるか、思い切り否定されるでしょう。現に、私は今まで何度も否定され、相手にされませんでした。

決して子ども軽視の学校にしようとしているわけではありません。そもそも子どもが来なければ学校はいりません。子どもが学校の中心にいることは確かです。しかし、教職員がその陰に隠れているわけではありません。教職員も子どもと一緒に輝く存在であるべきなのです。

子どもは大人（親や教職員）の言動から学んでいます。しかも、注意したり教えたり、褒めたり叱ったりするような、直接的な関わり方よりも、間接的に見て学ぶ部分が大半です。ですから、一番長く時間を過ごす小学校の担任の影響を受けやすいのです。現に、1年も経つと子どもたちは、担任の仕草やしゃべり方まで似てきます。目には見えませんが考え方や動き方まで似てきます。私が担任をしていた頃も、私の手首を動かす癖や独特の言い回し、ひたすら待つこと等が似てくることが多くありました。この影響力は恐ろしいほどです。

そうであるならば、教職員が元気で幸せそうに過ごしていることは、子どもたちによい影響を与えることになります。私は、そのことを教職員に伝えてきましたし、願ってきました。さらに、私の言動が教職員に影響を与えることから考えると、私が元気で幸せに過ごしていることが何よりも大切だと思うようになりました。なぜならば私の元気や幸せ感は、教職員に伝わり、そして、子どもに伝わるからです。子どもが冗談でよく言う「校長先生、絶好調（校長）！」も、校長仲間に言われる「なんだかいつも穏やか」「機嫌が悪い日はないよね」も、すべて教職員や子どもの幸せにつながっているのではないかと自負しています。そう言うと、無理に機嫌よくしているように思われるかもしれませんが、そんなつもりはありません。余計なことをして教職員を疲れさせたり、やる気を奪ったりするくらいなら、ただ機嫌よくしている方がましだと思っているのです。職員室の中の、ネガティブな感情は伝染します。だから、学校で機嫌悪くしている校長を見ると、教職員を疲れさせ、学校の元気を奪うので早く辞めた方がいいとさえ思うのです。

なぜ、こんなことを考えるようになったのか。それには、私の学校経営の方針を決めたきっかけとなる出会いがあります。それは、長野県伊那市の寒天メーカーを単身訪ねたことです。

ある雑誌で紹介されていた伊那食品工業株式会社の代表取締役会長、塚越寛さんの「年輪経営」

(『リストラなしの「年輪経営」：いい会社は「遠きをはかり」ゆっくり成長』光文社知恵の森文庫、2014年)に惹かれました。年輪経営の真髄を塚越さんは次のよう書いています。「年輪は永続の仕組みを表しています。木は天候が悪い年でも、成長を止めません。年輪の幅は小さくなりますが、自分なりのスピードで成長していきます。『天候が悪いから成長は止めた』とは言いません。会社も一緒で、環境や人のせいにすることなく、自分でゆっくりでもいいから着実に成長していきたいものです。」「最大の効率化は幸せ感が生むモチベーション」「会社は社員を幸せにするためにある」……。

何だか、いままで描いていた企業のイメージと違います。会社は利益を上げることが第一で、社員はそのために働くものだと考えるのが普通だと思っていました。全く違った視点で経営されている伊那食品工業、どうしても行ってみたくなりました。「横浜で小学校の校長をしているのですが、学校経営に活かしたいので伺ってもよろしいでしょうか」。突然、電話をかけてみました。行ってみてわかったのですが、同社の研修に来ているのは、世界的にも有名な大企業の幹部たち、なかには社長が研修に来ていることもわかりました。そう簡単に受け入れてくれるような場所ではなかったのです。きっと、伊那食品では、小学校の校長が一人でやってくるのが珍しくて受け入れてくれたのでしょう。

伊那市駅からタクシーで20分ほど山の方へ向かいました。広々とした敷地に緑に囲まれた綺麗な建物が並んでいます。会社に着くと外がよく見える応接室に通され、2時間にわたって秘書室長の丸山さんが対応してくださいました。さすがに日本一と言われる会社。会長は優秀経営者として多くの表彰を受けていました。社是を社員の幸せとして、48年間増員増収増益を続けています。年功序列、終身雇用と、かつての日本の雇用を守り続けています。今では、この会社に入るためには大変な競争率だそうです。聞けば聞くほど、こんな会社もあるのだなと感心してしまいました。

こういう素晴らしい会社の社員教育はどうしているのか知りたいというのが、単身視察に乗り込んだ理由でした。「いい会社にしよう」そのために「人に迷惑をかけない」と教えています。それだけですと説明がありました。何とシンプル。「立派な社会人になること」が大切なのだとも言われました。

よき社会人といってもわかりにくいので、「人に迷惑をかけない」ということを規準として行動させています。例えば、「通勤時渋滞を避けるために右折しない」「買い物に行った時は、一番遠くの駐車場に停める」「寒い地域だし、車がないと生活できません。ほとんどの人が通勤も車です。車のエンジンがかかりやすいように車庫をつくるためのお金は支給しています」、これらのことで、時間もアイドリングも短縮されるというわけです。言われてみればなるほどと思います。掃除や広い緑地の整備も毎日始業前に社員の皆さんが自主的に行っているそうです。綺麗にするということにしても、ただ気持ちいいからということだけではなく、綺麗にしておくと事故や故障を防げたり、次に使ったり、掃除したりする時にスムーズで効率がよいという考えからです。また、綺麗な所は汚さないし、犯罪も少ない、人も集まる……と話は続きました。

こういう指導が、社員の意識を変え、会社を生活の場として真摯に取り組むことにつながっているのだと思いました。伊那食品工業のレストランや緑の憩いの場（かんてんぱぱガーデン）には、月曜日だというのに昼食時には訪れる人が多く、ゆっくり流れる時間の中で人々が過ごしていました。社員の幸せを希求する経営が、長い目でみると会社を継続的に成長させているのです。

この出会いが校長1年目の私に大きな影響を与えました。組織はゆっくり成長していくものです。働いている人が主体的で居心地よくいれば、訪れる人もいい気分で過ごすことができるのです。

学校は横浜市立学校の開校宣言にあるように、地域の発展に即応して開設され、地域の中心として持続していくことが求められています。この学校もこれまでゆっくり成長してきたのです。子どもたちの幸せな未来をつくっていくために、「今ここ」を大切にして教育活動に向かい合ってきました。元気でいい学校をつくるためには、教職員の幸せ感が生むパワーがエンジンになるのだと思います。子どもたちの幸せな未来を願うからこそ、学校は教職員を幸せにするためにあるのです。

「校長先生の仕事はなんですか？」——ケアを柱に

小学校では、5月から6月にかけて、1年生が学校探検をします。校長室を訪れる子どもたちが、必ず聞くことの一つに「校長先生は、どんな仕事をしているのですか?」があります。小学校の1年生にわかるように、校長の仕事を説明するのは難しいことです。担任もしていないし、授業をしているわけでもありません。そもそも、校長がもともと教員であったことを子どもたちは知りません。突然の小さな訪問者に、ついその時の思いつきで答えてしまいます。「みんなが安心して授業できるように、準備しているんだよ」とか、「お客さんとお話していることが多いんだよ」「この学校のいいところを、みんなに伝えているんだよ」……純粋な1年生は、「ありがとうございます。」と言って帰って行きます。これで、いいのかなぁ?

この小学校の校長になって8年間、私がアイデアを出し続け、多様な取組みをしてきました。「旬の学校評価」(年度末評価を待たずに随時振り返る)、「修正指導案」(授業研の直後によりよい案に書きかえる)、「命の授業」(ゲストをお呼びする)、「ブロック朝会」(全校で集まらず低・中・高学年ブロックで朝会を行う)……一時的には取り組みましたが、根づいているものは、ほとんどありません。「エコプロ出展」と「認知症キッズサポーター講座」は続いていましたが、これも形骸化してきているような気がしました。若い頃取り組んでいたバスケットボールの指導でも、「徹底してやらないから勝ちきれない」と言われてしまったことがありますが、ここにも影響したのかもしれません。

それに比べて、先生たちが考えて始めたことは、根づいているものが多いのです。「縦割り活動」「変化を起こす研究会」「業務改善」の数々、「児童支援体制」……。自分たちで選んだり、考えたりして始めたものは、自分たちで大事に守り育てるので続くのだと思いました。教職員同士がつながり、子どもとも一緒になって創っていきます。それならば、校長の役割は何だろう？　自ずとわかります。具体的な指示を出すのではなく、ビジョンを示し、「任せる」ということです。そして、任された人が進めやすいように環境を整えることです。言うのは簡単ですが、行うのは難しいです。何といっても、最大の課題は、人間関係の調整なのです。だからこそ、この学校の共有すべき価値は「ケア」だと考えたのです。教職員同士にも、教職員と子どもにも、保護者にも、地域や外部の方にも、取り巻く環境にも、そして自分自身にもケアが必要です。ケアが浸透すれば、学校全体にケアが溢れ、学校づくりのしやすい環境が整えられます。要するに、校長の役割は自らのケアを心掛けることだけです。だから、決して機嫌悪そうにしていてはいけないし、忙しそうにしていてもダメです。校長自身が、自分の心身の健康を保ち、常に笑顔で寛大に対応できる隙間をつくっておく必要があります。私は校長として、それだけを心掛けてきました。

教育改革が進められるとき、いろいろな方が、「今こそ、校長の強いリーダーシップが求められる」と言います。それを聞いた校長は、「よし、明日からガンガンやるぞ！」と思うのかもしれません。勘違いして本当にガンガンやったとしたら、それでなくても疲れている教職員はたまったものではありません。校長のリーダーシップは、教職員の力を最大限に引き出すことです。また、さまざまな事案や出来事へ適切に対応することです。Facebook のシェリル・サンドバーグ氏は、「リーダーシップとは、リーダーの存在が結果として他者をより良くすることであり、リーダーがその場にいなくても、その影響力が続くことです*」と言っています。しかし、現実には、教職員の持ち味を殺し、力を閉じ込めてしまうリーダーもいます。なぜなのでしょう？ いくつかの理由が浮かびます。自分の経験が優れていて、自分のやり方や考えに間違いはない、これ以外にやり方や考え方はないと思っている、自信がある訳ではないが、校長なのでやり方や考え方を示してやり通さないとみっともないと思っている、校長が最終責任を負うから、自分の責任ですべてのことを決めること、意思決定権はすべて自分にあると思っている、一国一城の主の校長なんだから、誰がなんと言おうと、自分のやりたいことを押し通そうとする……。

そもそも、強いってどういうことでしょうか？ 弱い人というのは、「怒鳴る、非難する、攻撃する、陰口を言う……」でしょう。その逆が強い人だとすると「穏やかに話す、認める、応援する、褒める、オープンにする……」であり、リーダーがその場にいてもいなくても、共有しているビジョンのもと、無理なく動くことができる組織ができていること、それが本来の強いリーダーシップなのでしょう。そのためには、普段から、校長が教職員にどんな声かけをしているかが重要だと思います。決して、弱さのリーダーシップを発揮してはいけません。

一般的にトップダウン型のリーダーは、支配型リーダーシップと言われ、ボトムアップ型のリー

---

* Elle Kaplan, "8 Things Exceptional Bosses Constantly"（DEC 9, 2016）https:/ /www.inc.com/elle-kaplan/8-things-exceptional-bosses-constantly-tell-their-employees.html?fbclid=IwAR1SQAI3_NhYyBMcXuCFu0bor7hqx-RWgLcUu0xGCDS093jonVKlf03pnEc（２０１８年11月25日最終閲覧）

ダーはサーバントリーダーシップと言われます。私は強いリーダーシップは、サーバントリーダーシップであると考えます(9頁参照)。それは、教職員の思いや考えを受け入れ、持てる力を引き出すことのできる環境をつくることです。

結局校長の仕事って？　強いリーダーシップを発揮し、教職員が持てる力を引き出し、やりがいを感じながら仕事ができるような環境をつくることだといえます。校長は、学習指導や研究のリーダーとなるのではなく、教職員のファシリテーター*を務めることが、望ましい学校経営マネジメントにつながると考えます。

やらないことを決める――教職員の主体性を発揮させるためにやめたこと

スポーツの世界でプレーヤーとしては輝かしい実績を残してきた人が、コーチや監督の立場に立った途端に戸惑い、成果を出せなくなることはよくあるものです。私も大学までは関東リーグの体育会でバスケットボールをやっていたのですが、小学校のチームの指導を始めた頃はなかなか成果が上がらず、少なからず悩み多き時間を過ごしました。その悩みも、あることがきっかけで考え方や練習の仕方が変わり、神奈川県の強豪チームと言われるまでになりました。神奈川県

＊ **ファシリテーター**：この場合は、活動を促進したり、支援したりする立場をとること。

大会で連覇を含めて3度優勝し、全国大会にも3度出場したのです。

　私を変えたきっかけは実に単純なことでした。ある小学校で指導を始めてから3年間は寝食を忘れてバスケットボールの指導をしていました。やるからには試合で勝ちたいという思いがどんどん大きくなり、毎日朝練習と放課後練習、放課後は遅いときは20時を超えることもありました。土日も県外遠征や練習試合、大会への参加で休みなしでバスケットボールの指導に打ち込みました。今話題になっている部活以上に超ブラックでした。それもその学校は私が着任する前には全国大会に出場する強豪校で、指導者も大変厳しい人でした。そのプレッシャーがあったことも否めません。自分が指導するようになって弱いチームになったと言われることは目に見えていました。ですから他のどのチームより練習し、他県のチームとも試合をし、圧倒的に勝てるチームにしたかったのです。しかし、そんなに練習しても神奈川県大会で優勝するどころかベスト8に終わってしまいました。挙げ句の果てに、小学校で頑張った子どもたちは、卒業後中学校では他のスポーツを選びました。燃え尽き症候群です。私は、何のためにバスケットボールの指導を始めたのだろう。自分が長年続けてきたバスケットボールの楽しさを多くの子どもたちに伝えるため、そして、日本のバスケットボール人口が増えることを願って始めたはずでした。それなのに、課した練習がうまくできるまでやらせること、同じことを延々とやらせること、練習試合をたくさんやらせることを大切にしていました。練習時間は5時間に及ぶこともありました。しかしこのことがあってそれをすべて捨てたのです。それからは一つのドリルは、できてもできなくても時間を決めて行うようにし、練習試合は一切やらず、公式試合のない土日は休みにしました。練習は週3回にして2時間で終わりにしました。不思議なことに、練習は活気づいて、集中力が高まりました。結果的に、その年の神奈川県大会は優勝、さらに次の年も優勝し連覇を果たしました。

では、学校ではどうだったのでしょう。私は、幸い授業や学級経営がずば抜けて優れていたわけではありませんでした。管理職になった時は、その立場に徹することができたので、それほど苦しい経験をすることも少なかったです。自分はそれほどでもないと思ったり、たいしたことないと思ったりして、気負わずにいたので、苦しむことも少なかったです。しかし、多くの学校現場の様子を見ていると、うまく学校経営ができずに苦しんでいる管理職がいたり、できない管理職のおかげで苦しんでいる教職員がいます。多くの学校の様子を見たり、聞いたりする中で、ひとつの確信を得ました。

それは、大変な中でも機嫌よく笑顔で「やりたいこと」を実践している管理職こそが、結果的に成果を上げているということです。厳しい顔をして「やらなければならないこと」に没入するのではなく、優柔不断・縦横無尽に、朗らかに行動を続けながらも、部下から慕われ、外部とも良好な関係を保ち、成果も上げ続けられる管理職が存在しているということです。

そんな管理職になるには、私が、バスケットボールで指導の転換をしたように、「やらないことを決める」ということから始める必要があると思います。それもスピード感をもって大胆に。やるべきこと、つまり「優先順位」を決めるのではなく、やらないこと、いわゆる「劣後順位」を決めることです。「教えない」「叱らない」「仕切らない」「つき合わない」「なびかない」「話さない」「残らない」と、「やらないこと」を書き出してみましょう。

その中でも、管理職として、最も欠かせないことは「仕切らない」ことです。

なぜ、あれこれ口を出してしまうのか？
――「教職員に仕事を任せることができず、自分で仕切ってしまう人」の考え方とは？

ここからは、いちいち「仕切らない」で、教職員に「主体性」を発揮させるということについて取り上げたいと思います。

管理職は、教職員の仕事を直接マネジメントする立場です。だからといって教職員の業務を仕切る必要はありません。管理職は一歩引いて、後方で見守る方がうまくいくケースは多いのです。ただし、頭ではわかっていても、つい仕切ってしまう管理職が多いのも事実です。

私が見ている限り、一番多いのは、自分がプレイヤーから抜け出せないことを、任せられる人がいないという理由にしてしまう管理職です。「本来ならマネジメントに集中したいが、任せておいてもできないから仕方なくプレイヤーを続けている、だから現場に介入せざるを得ない」という人は、プレイヤー時代の成功体験から離れられないだけです。プレイヤーとして活動し続けることの正当性を見出したいがために、そのような言い訳をしているにすぎません。任せられる人がいないからできないのではなく、任せられる人がいてもうまく生かしていないのです。

管理職の多くは、プレイヤー時代に華々しい活躍をしてきた人たちです。その実績や思い出が輝かしければ輝かしいほど、残像がいつまでも記憶に残り、かえってマネジメントに専念する意欲を阻害してしまっているのです。「仕切る」という行為が心地よいため、支配欲の強いタイプはこの傾向が強くなります。また、プライドが高く、自信家の人にも「仕切る管理職」が多く見受けられます。ただし、ここで間違うべきでないのは、その管理職にとって心地よい状況は、教職員も心地よく感じているわけではないということです。「仕切られた方が楽」と感じる教職員がいる一方、「仕切る」のが心地よいタイプの教職員もいるわけです。当然ながらそうしたタイプは、「仕切られる」ことに強い抵抗感をもっているのです。

教職員の能力を過小評価している

教職員のことを心の底で「能力のない者」と過小評価している管理職は、かなり多く存在します。「あの学校の先生たちにはできるかもしれないけれど、うちの学校の教員にはできないですよ」という言葉をよく聞きます。こうした思考に陥るのは、仕事の能力は、経験によって右肩上がりに伸びていくと考えているからです。しかし、言うまでもなくこれは間違った考えです。能力の伸び方は時間だけではなく、仕事の質や本人のポテンシャル（潜在能力）でも大きく変わってくるものなのです。「若いから」「経験がないから」と必要以上に過小評価するのではなく、個々が持つ能力を適正に見極める力こそが、現場にもっとも近い管理職である校長には求められます。

「仕切る」以外のコミュニケーション法を知らない

部下との関わり方、つき合い方を、「仕切る」というスタイル以外に知らない管理職がいます。こういう人はマネジメントスタイルにおいて、自分の上司だった人から強く影響を受けています。つまり自分の中にある「管理職像」が他に見当たらないのです。こういう管理職は、きっと「一緒に考える」というスタイルでマネジメントする管理職に出会ってこなかったのです。だからといって、マネジメントスタイルを変えようとしないのは怠慢です。なぜなら、変えようと思えば、すぐに変えられるからです。マネジメントに対する考え方、マネジメントのスタイルを変える——その勇気をもつことこそが大切です。

教職員が未熟なのではなく、管理職の考え方に問題が隠れていることも決して少なくありません。だからこそ、「仕切る」という行為が、教職員の貴重な成長チャンスの芽を摘み取ってしまっていることに、管理職自身が気づく必要があります。

やりたいことがあること——熱い面談

年度末には、どの学校でも次年度の担任や校務分掌の希望アンケートをとり、今年度の振り返りと次年度の希望を話し合う時間があります。私はそのシステムを大きく変えました。単なる希望ではなく、「次年度やりたいことは何か」で決めるようにしたのです。「今年一番印象に残っていることは?」「来年度やってみたいことは?」一人1時間から2時間、個人だけでなくグループでの面談希望があればそれも認めました。この時間は、先生一人一人とたっぷり時間をかけて話し合える時間です。計画も順番もありません。先生たちは私が校長室にいるのを見計らって、「面談お願いします」とやってきます。普段ゆっくり話をする時間もないので、1年を振り返ったり、次年度に思いを馳せたりしながら、時間を気にせず話していきます。この面談の中で担当学年や校務分掌の希望を言う人はほとんどいません。自分がやりたいこと、そして、どうありたいのかを考えながら話してくれます。

「来年は、エネルギー教育に取り組んでみたいと思います」「今までの取組みをさらに進めて、SDGsを中心にやっていきたいと思います」「職員会議で提案できるような仕事をしたいです。何か、そういう役割にしてもらえませんか」「先生たちは忙しすぎると思います。もっと多忙解消や業務改善に取り組まなきゃいけないと思います。自分がやっていいですか」「宿泊体験学習を子どもたちと一緒につくっていきたいです。」「来年は、今までやってきた縦割り活動を、次の人に引き継ぐためにまとめておきたいと思います。」「やりたいことってないのですが、私は仕事は二の次だと思って働きたいです。そんなことでもいいでしょうか」「自分らしく、自分を変えることなくいたいです。変えないっていうのもいいですよね」等々。

学校では、やらなければならないことはたくさんあります。それは学校に限らず、仕事であれば同じだと思います。学校にいる時間のすべてをやらなければならないことに費やすような働き方は楽しいのでしょうか。それで、先生たちは幸せになれるのでしょうか。来る日も来る日も「こなす」仕事ばかり、やり終えたという達成感はあるかもしれませんが、心地よい疲れにはならないような気がします。自分に選ぶ余地があったり、決めることができたりすることによって、やる気も出ますし、責任も感じます。先生たちも初めは、「やりたいことは何？」と聞いても「やりたいこと？」と戸惑うことが多かったようでした。やらされることに慣れてしまっている先生たちは、やりたいことを考えるゆとりもなかったのです。そんな状態で、子どもたちの主体性を引き出せるのでしょうか。子どもたちに「やりたいことは何もありません」と言われたらどう思いますか。奇しくも「主体的・対話的で深い学び」が求められています。先生たちが主体的で、やりたいことをもち、それを実現するためのゆとりを持つことは、これからの教育活動を推進するために欠かせません。働き方改革はそのためにもやらなければならないのです。時間を生み出すのは子どものためではありません。先生たちにゆとりをもたせるためです。先生たちが率先してやりたいことを見つけて実践し、より主体性を発揮するようにしていかなければなりません。自分にできないことを子どもたちに求めることは難しいことなのです。

私と先生たちの、熱い面談は、先生たちの主体性を引き出し、やりがいのある仕事をする職員集団をつくる最高の時間なのです。時間を生み出したら、やってみたいことがありますか？

column

学年フラット

「さくら」……「さ」最高学年としての責任、「く」クラス一人ひとりが輝く、「ら」ラストスパート。

6年の子どもたちは、学年・クラス、そして男女の仲がよい。休み時間になれば、だれとでもよく話し、学び、遊ぶ姿を目にした。しかし、他学年との交流は希薄であった。たてわり活動や委員会活動などで交流の場が全くないわけではなかったが、その場だけという印象だ。そして、この印象をもっていたのは私だけではなかったようだ。

後期に入ると、学級目標を受けて、「小学校生活最後の半年をもっと充実したものにしたい」「これまで関わりの少なかった学年ともっと交流したい」「最後には今年の6年生は素敵だったねと言ってもらいたい」という声が、子どもたちからあがった。この時私は、思ってはいても行動できていなかった自分に気づかされたような気がした。

それからは「どうやって交流しよう」「一緒に遊びたいな」「学び合いを一緒にやってみたい」「6年生にやってほしいことってあるのかな」などさまざまな意見を私も出していった。話し合っていくと、子どもたちは他学年がどんな活動や勉強をしているのかを知らないことに気がづいた。それぞれの学年にこれからどのような学習があるのか、6年生と一緒にやりたい遊びは何か、何か手伝えることはないかをインタビューしに行くことにし、交流計画を立てた。

こうして『さくら満開プロジェクト』である学年を越えた交流「学年フラット」の活動がスタートした。

1年生には、長縄の跳び方やボールの投げ方を体育の授業でお手伝い。2年生には、6年生が選んだ2年生へのおススメの本の読み聞かせと九九。3年生とは、ローマ字で作ったクイズを出し、しりとりで遊んだ。4年生では、学び合いの形で算数の学習を一緒にしたり、音読を聞いてもらったりした。5年生には、朗読発表や球技大会での心構えなどを話した。

学年フラットの活動をする中で、これまで話をしたことのなかった子と仲良くなれたことや、単純な自分たちの楽しさだけでなく、下級生が楽しんでくれたこと、わかったりできるようになったりしたことが嬉しいという反応があった。誰かが喜ぶことが自分たちの自己有用感につながっていった。そして、子どもたちはこれまで以上に他学年に対して関心をもっていった。今では、「○年生、これからこんな勉強やるんだって」「休み時間にも一緒に遊ぼうと声をかけたよ」などの声があがっている。

この活動を通して私自身が学んだことがたくさんあった。

・「声かけの仕方」。難しいと思っている子にはどんな伝え方をすればわかってもらえるのか。楽しみながら学ぶのは6年生はとても上手です!。

・他学年、他クラスの子どもたちの様子をじっくり見ることで、他の場面で出会ったときに生かすこと。

・他学年の先生方との交流が深まったこと。(活動後の子どもたちの様子で盛り上がりました)

・「やりたい」で終わらない行動力。また、決められたことをこなすだけでなく、次やりたいことを自分で見つけていく力。

どれも教師にとって大切なことで、当たり前かもしれない。でもふとすると忘れがちなことなのではないだろうか。子どもたちから教わったことがいつも心にある自分でありたいと思った。そして私も子どもたちと一緒に学級目標に見合う、満開の「さくら」を咲かせたいと思った。

（2011年初任として着任）

地域・PTAとの関係をつくる

校長が替わると学校が変わるという話をしましたが、それは学校だけにとどまりません。学校は地域の発展に即応して設置されていますから、地域の影響を受けますし、地域に影響も与えます。学校が良くなれば地域も応援してくれるし、学校が悪くなれば地域は冷たく見放すこともあります。正確に言うと学校が見放されるのではなく、校長が見放されます。元々地域の方々は、学校に対する愛着を持っていますから、その学校を悪くした校長は見放されて当然なのです。しかし、学校がどういう状況であれ、正直に学校の状態を伝えたり、学校でやっていることをお知らせしていれば冷たくされることはありません。一番問題になるのは、それまでの関係を簡単に絶ってしまうことです。

基本的には地域の方々は温かいのです。学校に協力してくれようとしているのです。決して排他的になってはいけません。ことある度に学校の様子ややっていること、大切にしていることを伝えていくことが肝要です。どんなことをやっているのか、どんな思いでやっているのか地域の人に知ってもらっていることは、大きな助けになります。ボランティアとしてやってもらうにしても、学校のことをよく知ってもらっている方がいいのです。さらに、やってもらうという関係は早く卒業した方がいいです。できるだけ学校の敷居を低くした方がいいですから、自由に行き来しやすいようにフラットな関係を築きます。そのためには、まず、学校から発信すること、学校から地域に足を運ぶこと、子どもたちを地域に頻繁に出すこと、そして、地域の課題を学校で引き受けることです。

私が着任した当時は、教室の中ではしっかりと授業が行われていましたが、先生も子どもたちも一向に外に出る気配がありませんでした。外部から人が来ることもなく、淡々と日々が過ぎていくようでした。学校とはそういうものだという暗黙の空気が流れていたようです。しかし、高齢化が進んでいる団地の学校です。黙っていたら地域の方は誰一人として学校に来ることもありません。地域との関係を絶たれた学校のようで、どうも居心地が悪く感じていました。

「いつも教室にいないなぁ！と言われるくらい地域に出てください。特に中学年は地域の学習が中心です。高学年も地域にある歴史を発見できるし、低学年も地域にある自然に触れられるはず。何よりも地域の人に出会える。地域の人が、もっと学校に来られるようにしましょう」と何度も先生たちに話しました。すると徐々に、中学年を中心に地域に出かけるようになっていきました。

最初はまち探検に出かけていただけでしたが、2年、3年と経つうちに、「地域の人を笑顔にしたい」とか、「地域のために役立ちたい」と言うようになってきました。そして、「ひまわりプロジェクト」「生ゴミワーストワン脱出大作戦」「認知症キッズサポーター講座」等の地域の課題解決や活性化に取り組むようになりました。

地域の方々を招いて学校の様子や取組みを紹介する「若木の会（まちとともに歩む教育懇話会）」では、この学校の特色となっている「命の授業」やＥＳＤの紹介や授業見学をしていただきました。そこでは、子どもたちとも触れ合っていただき、話し合いにも参加していただきました。自分が学んできたことや考えていることを堂々と話す子どもたちを見て、この学校の教育活動の成果を実感されている様子でした。振り返りの会でも、子どもたちの成長した姿と先生たちの指導に対して絶賛し応援する言葉が続きます。学校がどんどん活性化し、子どもたちの取組みが地域へ影響を与えるようになった頃、地域でも昔の元気を取り戻す機運が盛り上がっていきました。まちづくりの準備会（ワークショップ）での地域活性化に向けたプランニングを経ての、「つながり祭《さい》」の実施です。

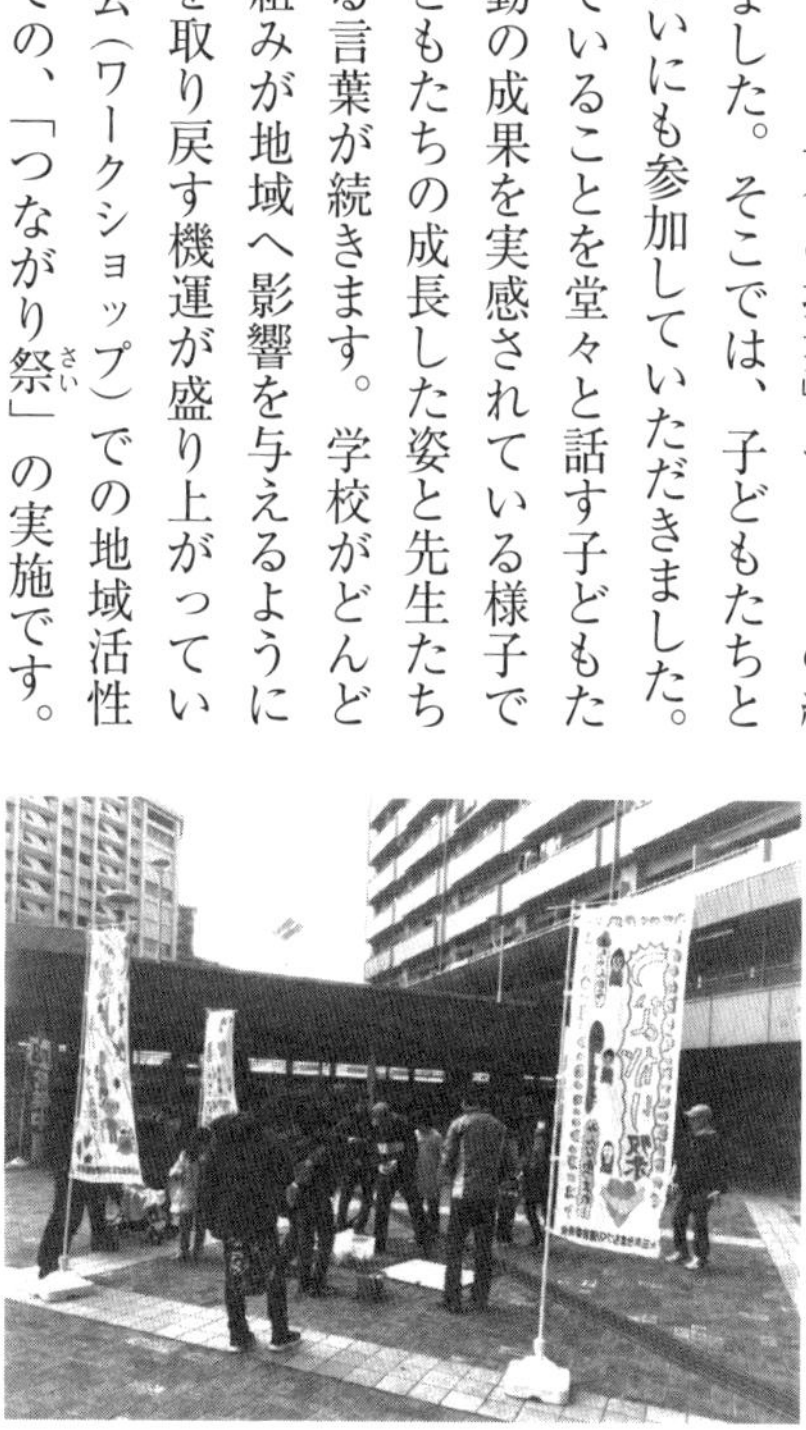

つながり祭

そこには、行政・地域・学校が関わり、子どもたちも参画していきました。子ども発案の「赤ちゃんからお年寄りまでみんな集まれ」というスローガンのもと、空き店舗のシャッターを開けて、隔月で手作りの祭りが開かれるようになったのです。毎回、どんな内容になるのか当日になるまでわかりませんが、まさに赤ちゃんからお年寄りまでが集まって笑顔で過ごします。さらに、まちづくりへの取組みが定着していくよう、地域でNPOを立ち上げて盛り上げようとする流れにつながりました。この流れは、学校と地域の壁を低くしたことから始まりました。学校を良くすることが、地域が良くなることにつながらなければ、長続きはしないのです。

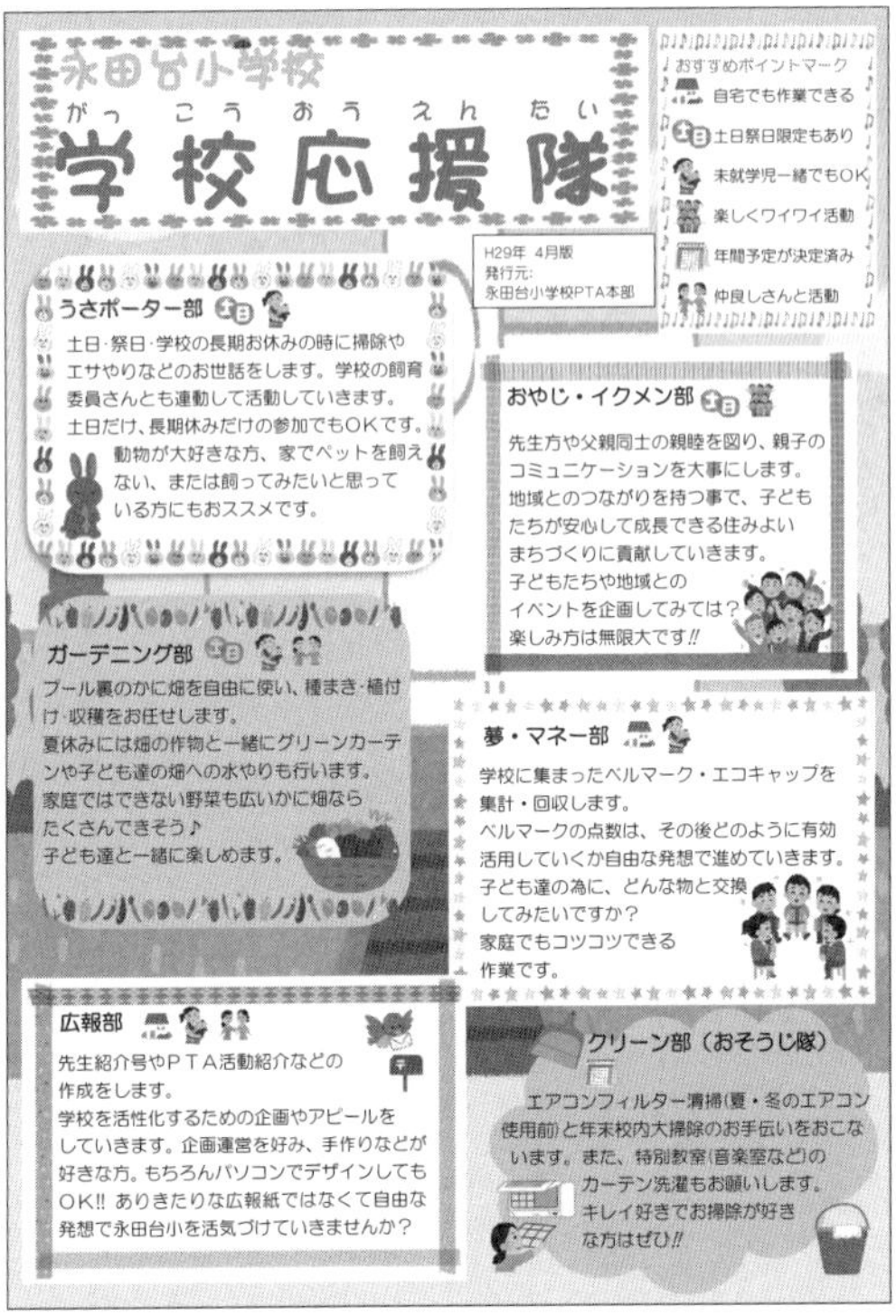

それを見ていたPTAも動き出しました。元々はPTAも多忙で、やらされ感がある

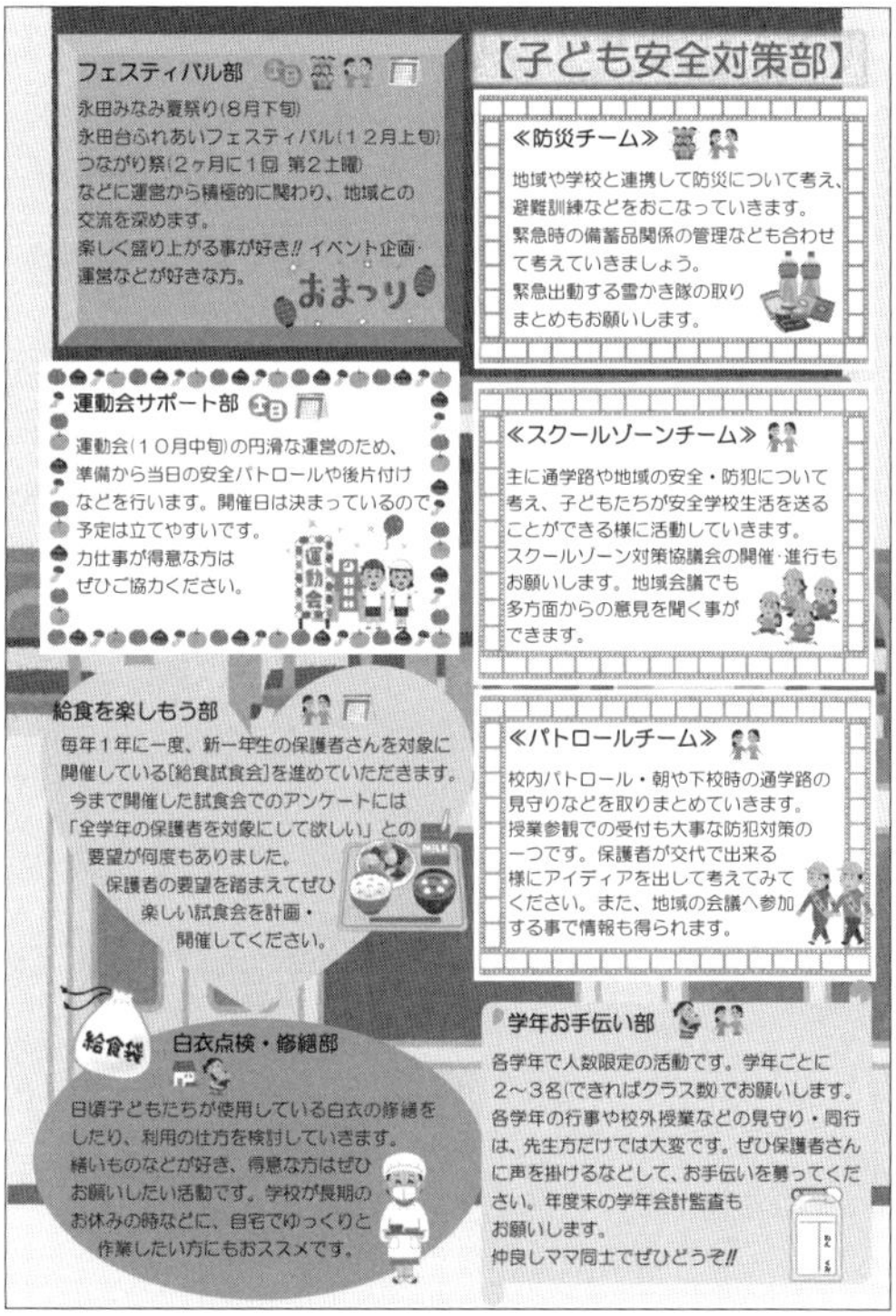

出所）横浜市立永田台小学校 PTA 本部

という問題を解決したいという思いから出発しました。「どうせやるなら楽しくやりたい」「子どもたちにも大人が元気でやっているところを見せたい」という声を実現するために役員さんたちが勇気をもって立ち上がりました。「すべては子どもたちの笑顔のために」とスローガンを決め、ＰＴＡの参加の意思を問い、自由選択性を進めました。「ＰＴＡに入会する人が少なかったらどうしよう」「さまざまな課題に応えていけるだろうか」という悩みを抱えながらも、思い切った決断を下し、新年度を迎えました。全員の入会とはなりませんでしたが、97％近い入会率、係の選択を申し込んだ方も70％を超え、これまで以上にＰＴＡ活動への関心が高まりました。当然、ほとんどの学校のＰＴＡは従来通りですから、奇異な目で見られたり、迷惑がられたりすることが当分続くと思いますが、自分たちの決断を信じて乗り切っていって欲しいと思います。「今日がいつかは記念日になる」でしょう。きっとこの形が当たり前になる日も来ます。「すべては子どもたちの笑顔のために」というスローガンは、学校でも、地域でも共有し、三位一体改革のビジョンとして大切にしてほしいと考えています。

好循環を生み出すというのはこういうことだと思います。しかし、残念ながら悪循環を生み出すこともあります。最後に、その方法も紹介しておきましょう。それは、簡単なことです。すでに書いていますが、関係を簡単に絶ってしまうことです。これはあっという間にアウトです。その次に、学校の情報を隠したり、丁寧に伝えなかったりすることです。そして、最後に、上手くいかないことを人のせいにすることです。これで、悪循環に入っていくことができます。

外部との連携

地域との関係づくりが上手くいくと、学校へは、教職員や保護者以外の大人が入ってくるようになります。地域の方が、知り合いの有識者や専門家を連れてくるようにもなります。保護者もいろいろな応援に学校にやってきます。教職員も、外部の大人が子どもたちに伝える方が、自分が伝える以上に子どもの理解が深まることに気づくようになります。「全く同じことを言っているのに、どうして外部の人が言うと聞くんだろう。始めて聞いたような顔していて、嫌になるよ」という声も聞こえます。先生は同じことだと思っていても、話す人によって、不思議なことに子どもには違って聞こえるものなのです。そんなことを感じながらも、子どもの学びが拡がったり深まったりすることを実感した先生たちは、自らコーディネートして外部の人を招くようになります。そこで大事なことは、いちいち管理職が口を出したり、打診や報告を求めないことです。せっかく、主体的にマネジメントしようとする先生の出鼻をくじいてはいけません。外部の方との連絡や調整も大変なのに、その上管理職にまで話を通さなければならないとすると、面倒になります。どんどんやってもらえばいいのです。「今日誰か来ているようだけど、何年生？　何の授業で来てもらっているの？」と聞くことはよくありますし、知らないうちに来て、知らないうちに帰っていく方もいます。地域のボランティアの方もそうです。それでも全然構いません。学校でやっているこをすべて知っていないと気が済まない人がいるようですが、そんなに学校に張り付いていたら、自分がやりたいことができなくなります。任せればいいのです。そういう流れをつくればいいのです。まあ、最初のうちは校長が連れてきた人を先生方に出会わせる時期もありますが、いつまでもやり続けてはいけません。「私が連れてきたぞ」といつまでも言うのが好きな管理職もいるかもしれませんが、それではリーダー失格です。

外部に出るときも同じです。外に出て学んできたいとか、発表してきたいとかいう声があったら、絶対に止めてはいけません。そのために助成金をたくさん確保して、交通費は用意しておくぐらいでなければ人は育ちません。「うちの学校の先生は内向きで、外に出ようとしない」と言う管理職がいますが、そんな気が起こらない雰囲気なのか、外部の人との関係を大切にしていないのか、予算をきちんと確保していないのではないでしょうか。外に出て、さまざまな校種や職種の人に会うことや、自校の発表をすることは、若手にとっては大きく成長するチャンスです。ベテランにとっても自分のモチベーションを安定させることができます。「かわいい子には旅をさせよ」とは昔からよく言われることです。どんどん外に出して、学ばせましょう。外に出て発表することは、自校の良さを見つけることでもあります。もし、自分の学校の文句ばっかり言っている先生がいたら、外に出して発表させるといいです。見違えるように自分の学校の良さを見つけ、驚くほどに学校自慢をしてくると思います。実はこっそりその手を使って先生を変えていくように企むことがあります。

いい学校をつくりたい

8年前に着任した時、「いい学校にしたい」と思いました。「笑顔が溢れる学校」「緑と花がいっぱいの学校」「歌声が聞こえる学校」「元気全開の学校」……。

「いい学校」それは、どんな学校なんだろうかといろいろ考えました。

やはり「話がしっかり聞ける学校」が一番いい学校になるのではないかと思い、先生と子どもとみんなで取り組みました。話を聞くというのは学習でも生活でも基本であり、学級や学年、学校全体が落ち着くことにもつながります。1年間取り組むと見違えるほどに話が聞ける学校になっていました。次に「進んであいさつをする」「学校をきれいにする」「時間を守る」「思いやりの心をもつ」ことに力を入れて取り組みました。「凡事徹底」という言葉があるように、当たり前のこと、簡単なことをおろそかにせず、徹底してやることで立派になるということです。そして、「気負わず、飾らず、普段着」の取組みがこの学校スタイルとなりました。

また、ユネスコスクールへの加盟は、「命のつながり・命の尊厳・ケア」が学校経営の根幹にあり、年間を通して貫いているものであったことが大きな理由です。ユネスコ憲章の前文冒頭に「戦争は人の心の中で生まれるものであるから、人の心の中に平和のとりでを築かなければならない」と記されています。平和で持続可能な未来を実現するために、一人一人の心の中にある鍵を開けて、問題解決の種を探さなければなりません。そして、一人一人が持続不可能な社会を創り出してしまっていることに気づき、これまでの意識を変えて、人権と平和を大切にする自由で豊かな社会になるような選択をしていかなければなりません。次章で詳しく述べますが、そのための教育がＥＳＤ（持続可能な開発のための教育）です。縦のつながり・横のつながり、時間のつながり・空間のつながりを意識しながら、つながりに気づき、つながりを見つけ、つながりをつくり、つながりを考え、つながりを続けることです。どこから取り組んでも構いませんが、すべてのことはつながっていることがわかります。「風が吹けば桶屋が儲かる」という例えをよく使いますが、私たちはつながりの中で生きていて、自分に関係ないことなんて一つもないのです。ですから、ＥＳ

Dは自分のための教育であり、世界中みんなのための教育でもあるのです。そして、ESDの基盤となる土壌は、「やりたいことがやれる自由」「やりたくない争いに引き込まれない平和」「今日より明日、今年より来年が良くなるという希望」がある場所です。

皆さんの関わる学校は、いい学校になっているでしょうか？ それは、関わっているすべての人が決めてくれることなのだと思います。どうでしょう、こうなっているでしょうか？

・子どもにとって毎日行きたくなる学校
・保護者にとって通わせたくなる学校
・地域にとって応援したくなる学校
・教職員にとって働きたくなる学校
・来校者にとってまた来たくなる学校
……そして、ずっと居たくなる学校

column

ある卒業生とその保護者より

高校の部活動で「何か社会貢献をしよう!!」と私が提案したのは、朝の学校周辺清掃でした。提案しつつも辛いことなので失敗にも思えました。けれども部員は1年間清掃を続け、それが自分たちのスタイルになりました。

なぜ私がこのような提案をしたかというと……小学6年生の時にカルガモの赤ちゃんが泳いでいる川にタバコを投げ捨てた人を見たことがきっかけです。その人に注意をしましたが、私の声は相手には届きませんでした。その思いを神奈川県治水事務所と南区役所の方にお話しさせていただき、「ポイ捨てをしないで欲しい」という看板を製作しました。これは、先生方の後押しがなければ実現できなかったことです。そしてこの経験から、やってみよう、という原動力と責任感、そして力を合わせてくれる仲間の大切さを学びました。

今、私の周りには容赦なく全力でぶつかり合える仲間がたくさんいます。

これからも、自分の持つ力を使い貢献できたらと思っています。そのためにも大学では英語を勉強し、コミュニケーション能力を身につけていこうと思います。

（卒業生）

ＰＴＡ活動を通して、学校に必要なことは「大きいことを掲げるのではなく、出来ること をずっと続けていける力だ」との住田先生のお考えを伺っていました。そこで年数回、外周を掃除していましたが、それは毎日自分たちの使う学校をきれいに保つ力になりました。そして、あいさつは「相手に伝わる」ことを心がけて取り組みました。子どもたちの素直で元気なあいさつが多く聞かれるようになり、大人が忘れている感覚を思い出せる機会にもなりました。

住田校長先生の柔軟なお考えと状況に適した対応力が子どもたちに伝わり、高学年の意欲が形に現れる活動へと変化していきました。一人ひとりのプレゼン力が育ち、相手を思う気持ちからの福祉活動や震災支援へとつながっていったのです。地域の保全活動などに本気で取り組んだ体験を通しての「人との支え合いの中から生まれた信頼関係」「仲間と力を合わせる清々しい経験」。それらは卒業しても子どもたちの心の中で力となり、次なる行動力になっていると感じております。

そして、子どもたちが発するパワーは学校により活気を与え、白い校舎がカラーに彩られたように思います。子どもたちも、大人も、人に支えられて必要とされることで輝き、意欲が湧くのだということを知りました。

これからも温かい心で人にかかわろうとし、そして何事にも対応できる力を育てていけるこの小学校を応援しています。

保護者（ＰＴＡ会長）

第2章　ケアで育み、学校を元気にするESD（持続可能な開発のための教育）
――未来を創る教育のために……じわじわと、壁を低くし、橋を架ける

学校の中にはたくさんの壁があります。お互いにケアし合い、その壁を低くして橋を架けることで、つながり合うことができます。そのつながりが、自己肯定感を育み、変化をもたらします。

学校では、教職員の元気こそが最大の教育環境です。自分たちが「未来の担い手」なんだという思いを、子どもも大人も持ち、今ここからESDを始め、限りなくESDを続けていきましょう。

やってみましょう！　学校全体で、それぞれの色を出しながら、当たり前になっていた考え方の枠組みを見直してみましょう！

持続可能な社会を創る――ESDの実践を通じて

さて、第1章からもたびたび登場しているこのESDとは何でしょう。私がそもそも校長になりたいと思った動機の一つが、このESDを実践するためでした。

最近「持続可能な〇〇」や「持続可能性」という言葉を聞くことが多くなりました。大臣の中には、これからの社会のキーワードを問われた時、「持続可能性」(サスティナビリティ)を連呼される方もいました。少し前のことになってしまいましたが、あのピコ太郎さんの「PPAP・SDGsバージョン」が国連で紹介されるなど、SDGs(国連持続可能な開発目標)の盛り上がりも勢いを増してきました。私としては嬉しいのですが、この状態は地球や社会が「持続不可能性」に満ちてきたことを表しているともいえます。「気候変動による地球温暖化や異常気象は取り返しがつかないところまで来ている」「自分ごととしてとらえた時には、もう手遅れだ」と言う学者もいます。そう聞くと、「子どもたちの輝かしい未来」「子どもたちの未来のために」という美しくも明るいイメージは、グレーにもブラックにも見えてきます。「子どもたちが、生まれてきて良かったと思える社会、高齢者が長生きして良かったと思える社会」にするために、私たちの価値観・行動・生活様式に変容をもたらす教育がESD(Education for Sustainable Development：持続可能な開発のための教育)です。学校現場では、「ESD！　ESD！」と特別なことのように力を入れて取り組むのではなく、まず子どもとじっくり向き合い、本音で他者と関わる時間を確保し、体験を通して多様な考えの人とつないでいくことに力を入れなければなりません。

ＥＳＤは「再方向付け」だとユネスコの国際実施計画には記されています。今ある学校や地域の「よさ」を見出し、それを全体に満たし、より持続可能な方向へと行動を選択していこうという心構えをもつことがＥＳＤのスタートでは大切です。

私が考えるＥＳＤの基盤は、「ケア」です。それは、「学校全体に安心感や充実感を感じられるような雰囲気をつくること」です。そのためには、まず大人が互いのケアを心がけ、笑顔でつながることが欠かせません。笑いの絶えない職員室では、教員同士がよく語り合います。年度初めには、各学年の年間計画を「円たくん」(ホワイトボード：後述)を囲み、全教職員でワイワイ言いながら作っていきます。さらに外部の人や地域の方に加わってもらうことで「カリキュラムマネジメント」「社会に開かれた教育課程」のスタートにもなります。自分の学年だけでなく、過去に担任した学年、担任した子どもたちの姿を思い描きながら語り合うことで、学年内外のつながりや子どもの成長、課題も共有することができます。また、教科横断や総合的・関連的な学び、1～6年生までの系統的な学びも見えてきます。何よりも、他の学年がやっていること、や

「円たくん」と名づけられた円形のホワイトボードを囲んで議論する教職員

ろうとしていることを知ることができ、同じようなテーマであれば、学年を超えて学び合う場も設定できるのです。「これだったら○○さんに頼めばいいよ」「こういうことを専門にやっている会社もあるよ」等々、地域や外部のリソースの有効活用のアイデアも、この機会に共有できます。地域連携コーディネーターを置いている学校もあると思いますが、登録したり、調整したりと一人の負担も大きくなります。この年間デザインの作り方は、負担も少なく、その場でつながってしまうので、該当学年に任せておけば動き始めます。人と人とのつながりですから、緩やかに、無理なく進めていくのがよいのです。各学年や部会で分かれて明確なゴールを決め、テーマや付けたい力をもとに指導計画を作ってガツガツと進めるのではなく、一度立ち止まって考え、語り合い、支え合う心のゆとりが必要です。教員が安心して本音で語り合える職場では、子どもも本音で語り合うようになります。

　また、わかりにくいと言われるＥＳＤだからこそ、教職員が納得して進めることが大切です。「壁を低く」「橋を架ける」「染み込ませる」「つなぐ」などのキーワードでイメージを共有します。元々ある学校文化の枠組みは習慣になっているものも多く、変えていくことが難しいです。また、急激な変化は反発や軋轢を生みます。私が取り組んだＥＳＤ・ホールスクールアプローチ*は、まるでもみじが色づくように、ゆっくりゆっくり、でもしっかり染まっていくように「もみじアプローチ」と称してイメージ化を図りました（※62頁に詳述）。ＥＳＤが徐々に学校の中に染み込み、持続可能な教育が地域へと染み出るように広げていきました。ＥＳＤはそういう日々の営みの中から生まれてくるのが本物です。

未来を創る教育のために――先生たちが元気になる学校の働き方へ

学習指導要領の実施に向けては、第一に業務改善をして、働き方改革に取り組むように言われるようになってきました。数年前から「先生は忙しすぎる」「日本の先生は働き過ぎている」という、今までにない多忙解消・多忙感解消の流れが来ています。中教審には特別部会までできて検討し、具体的な提案が出てくるようになったわけですから、本気度もかなり高いのです。どこかでつくられて活発に動いているこの流れは、静観するのではなく積極的に活用したいと思います。世の中が盛り上がっているうちに、これまであった悪しき学校文化を、持続可能な学校文化に変えていくチャンスでもあります。言い方を変えると、「前例踏襲・旧態依然型」の学校文化から「変容・刷新型」の学校文化へと変革をしていくこととも言えます。

これだけ世の中で話題になっているのに、それは国がやってくれること、教育委員会がやって

＊ **ホールスクールアプローチ**：持続可能な社会を創るための学びとして、教室の中で展開される授業のみならず、学校のあり方そのものを見直していく手法である。校内の水や食、エネルギー、校舎・校庭、健康、音、マイノリティの人々（障がい児や外国籍児童等）、地域および海外とのつながり、教職員の働き方までも、学校生活を構成しているあらゆる要素を持続可能性という観点から見直していく日々の試みである。

くれることと、現場では何もしようとしない学校があります。そもそも、こういう学校は教育改革があっても変わることもなく、先生が苦しんでいても切り捨てるだけです。

こんな話を聞きます。「勤務時間の管理をしろと言われているから、勤務時間以外に働いたことは記録しないように。その分、夏休みに適切な配慮をするから」「とにかく、勤務時間が終わったら帰ること。持ち帰り仕事をする先生は、力がないんだよ」「やることがどんどん増えるんだから仕方ないよな。俺たちの責任じゃないよ。国や教育委員会がやることを減らしてくれなきゃ無理だよ」「今までと同じでいいよ。働き方改革をすること自体、多忙になる。学校は忙しいんだから、余計なことをしている暇はない」。

未来を創る教育は、こんな考え方で成し遂げられるのでしょうか。2020年実施の学習指導要領には前文が設けられ、これから目指す社会は「持続可能な社会」と明確に示されています。そして、持続可能な社会の創り手を育むことが求められているのです。持続可能な社会の「担い手」ではなく「創り手」となっているところがポイントです。漠然とした不安や違和感、世界に蔓延する暴力の連鎖、排他的な自国中心主義、コミュニティの対話力・多様性受容力・共感力の欠如、非寛容な社会が広がってきていると感じます。このような持続不可能な社会のシステムを引き継いで子どもたちに担わせますか？　否。持続可能な明るく豊かな未来を創っていく子どもを育みたいと思います。今、持続可能な方へと主体的に変えていこうとしないということは、持続不可能なままの社会を子どもたちに担わせることになるのです。これから先、子どもたちが今までと同じように豊かな生活を過ごせる保証はありません。今、多くの若者が抱える「仕事がない」という不安、「子どもが育てにくい」という不安、「年金がもらえるか」という不安、過去数十年の間に真剣に議論がされてこなかったことが原因です。気候変動にしても、生物多様性、持続可能な生産と消費、少子高齢化にしても、山積する問題がもたらす不安は、未来を創る子どもたちへの負債となります。今、私たちが目の前の問題に真剣に向かい合わなければ、これからの時代を生きる子どもたちにすべてのツケを払わせることにもなるのです。

変容のための教育

持続可能な社会の創り手を育むために、覚えたことをはき出すような「再現のための教育」から、自分で考え、自分で問題解決する「変容のための教育」への転換が求められています。従順に言われたことをこなすだけでは、充実した豊かな生活を営めません。批判的な思考力を高め、すぐに答えを求めるのではなく、急がず、ゆっくり、多様な考えを尊重し合う学校文化に変えていかなければなりません。そんな学校の体質改善を行う時、授業に主体性・多様性が求められているのに、学校そのものが受け身・画一的で変わろうとしないのであれば、ますます体質は悪化します。先生が変わらなければ、授業も変わりません。それどころか、主体性のない、疲れ果てた先生を毎日見続けなければならない子どもたちは、こんな大人になりたくないと思うでしょう。

私たちが日々の生活の中でどんな選択をしてきたのか。これまでの集大成が、今の社会です。私たちがこれからはどんな選択をするか、さまざまな出来事にどう関わるかで未来を創ります。すべての人が持続可能な社会の創り手であり、その担い手になります。持続可能な社会を実現するために大事なこと、「話そう、聴こう、考えよう、学び合おう、分かち合おう。そして行動に移そう。まず自分から！」。

あったらいいなこんなもの――「円たくん」の誕生

平成25（2013）年、なぜかこの学校で環境教育全国大会をやることになりました。特に環境教育に特化して取り組んでいたわけではありませんが、ESDを環境教育と同じだと思われている方が多かったからかもしれません。また、大会開催を前提に研究会に誘われ、知らないうちに全国理事に名前が入っていて、はかられたと思いました。しかし、どうせやるなら前例に囚われず、やりたいようにやろうと考えていました。ちょうど、ユネスコスクール・ESDに取り組み始めて5年目になろうとしていたので、この学校のESDを発信するチャンスでもありました。まず、これまでの環境教育に囚われない授業プランを考えました。指導案や研究紀要もやめました。A4 1枚、曼荼羅型の「授業デザイン」と簡単な見方や考え方を自前で印刷し、無駄だと思うことはすべて省きました。

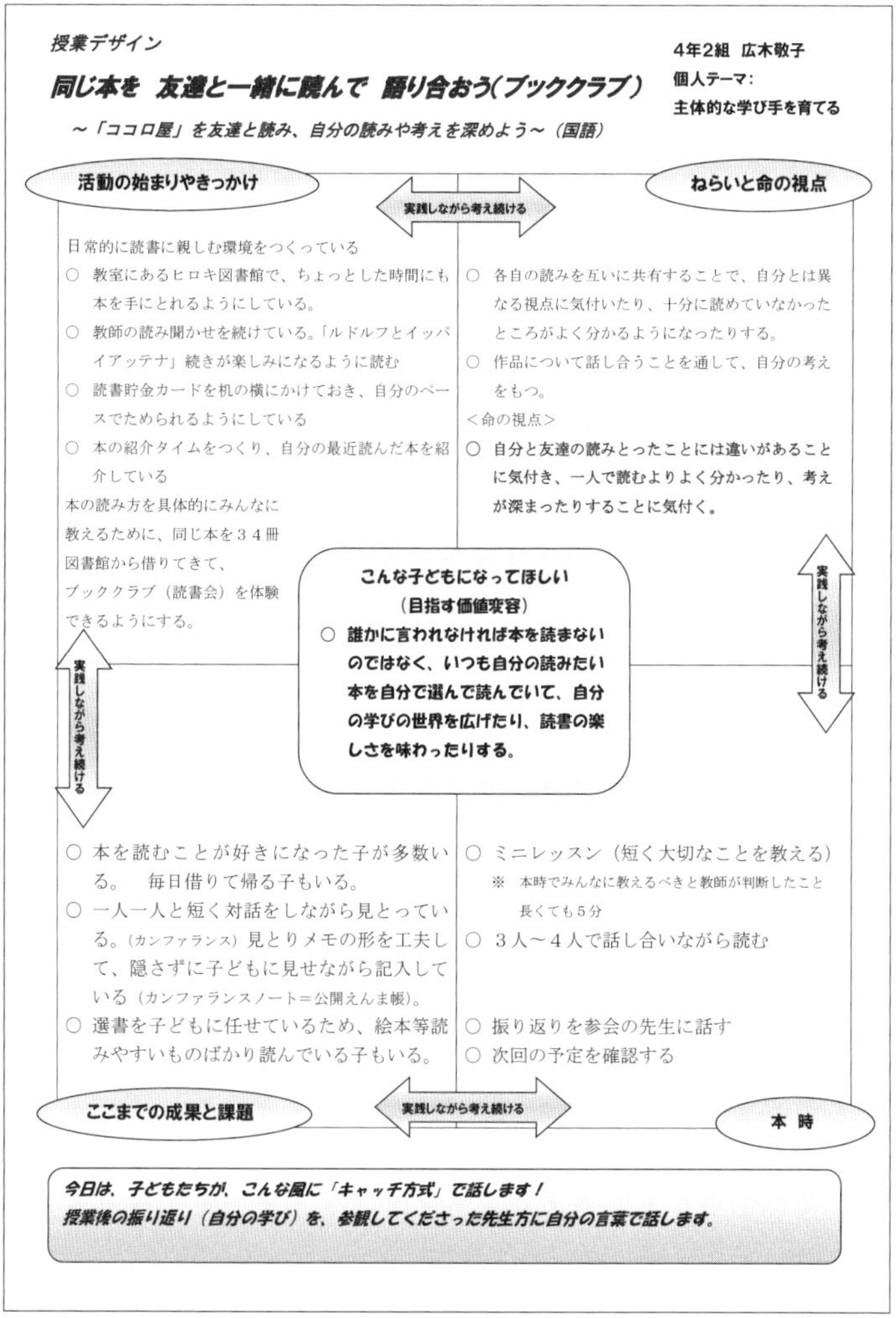

授業デザイン

出所）横浜市立永田台小学校, 2015 年

環境教育大会での展示ブース

大会当日は、各学年および外部団体の展示ブースが立ち並ぶ体育館で、特別支援学級の「生ごみワーストワン脱出大作戦」の劇をオープニングに公開授業を始めました。授業は、エコプロ出展で培ってきた「キャッチ方式」で、来場者と子どもたちが語り合う形を取り入れました。例えば、授業中教室や廊下で参加者に出会うと、「ちょっと話を聞いていただいていいですか?」「今、私たちは、ホタルを育ててホタル池を作り、地域の方々に見てもらおうと思って取り組んでいます。ホタルのことでお話ししていいですか?」と切り出します。そこからは、一対一で話が進んでいく、次々と話をすることになるので、参観者は参加者となり、参画者にもなります。学校中でワイワイガヤガヤ、活気溢れる一日になりました。参観者の方はただ見学だけのつもりで来られたかもしれませんが、子どもたちと十分に話ができて、満足されているようでした。子どもたちは、発表という形ではなく、その場で受け答えをすることになるので、自分の考えを自分の言葉で話すことになります。これまで身につけた力が試される場でもあり、新たな知識や技能を得られる楽しい場でもあります。今までにない公開授業で、参観者も驚かれたと思いますが、つながりを重視してＥＳＤを進めてきたので、子どもも大人も、新たに多くのつながりが生まれたことに大きな価値を感じました。

午後からは、ちょっとしたセレモニーと研究発表、講演会と続きます。主催者の意向で仕方ないのですが、そのままでは当たり前すぎて面白くありません。参加者は予想通りの展開で安心されるのかもしれませんが、子どもたちがアクティブに学んでいるのに、大人が受け身ではいけません。「『形骸化した研究大会』を『変化を起こす研究大会』に変えたい。何とか参加型のワークショップを仕組みたい」と思っていました。体育館にはパイプ椅子が並び、全員前向きに座っています。講演を聞いた後でワークショップをするためには、テーブルがあったほうがいいです。しかし、物理的に無理があります。座っている人がちょっと向きを変えて、顔を合わせながら話し合うことができないだろうか？

「こたつを囲むような感じで、暖かい雰囲気、ワクワクするようなワークショップ」

11月の大会に向けて、4月から考えていました。ちょうど、校長室のテーブルを買ったときに梱包されていた大きい段ボールがありました。四角だと角が危ないので、丸く切ってみました。直径90㎝の円盤ができました。「これを使えないか？　段ボールは暖かいし、膝に乗せるとちょうどテーブルのようになる」。校長室に置いていたところ、気になった教員が使い始めました。そんな時、ESDに関心のある企業の方が、「段ボールだと強度が低いのでホワイトボードシートでコーティングして強化して作ってみよう」と声をかけてくださいました。これが「円たくん」の誕生です。とにかく体育館で瞬時にワークショップができるようにしたかったのです。11月までにこの学校の先生は、何度も使って慣れていましたが、大会当日は初めて見る人、使う人で、どうしたものかと好奇心の目で溢れていました。しかし4人で円たくんを囲むとあっという間に打ち解けていきました。やってみるとわかるのですが、距離感が素晴らしくいいので、話し始めると止まらなくなります。書きながら話したり、話しながら書くことに慣れてない人も多いのですが、「わくわくワークショップ」が実現していました。

その後、円たくんワークショップは、この学校の代名詞になり、口コミで拡がっていきました。授業はもとよりPTAや研究会、横浜市内や他県の方々の目に触れることもあり、教材カタログにも掲載されるようになりました。「変化を起こす研究会」での円たくんワークショップは、参加者がエンパワーされて帰っていくという効果も表れています。もともと体育館で使うために考案したのですが、どこでも手軽に使うことができることから、日常的に使うツールとして定着し始めました。使い方も決まりがあるわけでもなく、自由な発想で円を活用できます。学校のみならず、企業や施設、行政の機関でも使ってみると、人と人との関係の構築にも役立つかもしれません。円たくんは人と人との関係性を高めるマジシャンともいえます。

円たくん

〝円は敷き詰めることができない、敷き詰めようとすると必ず隙間ができる。その隙間が今の教育にも社会にも必要なのかもしれない。円は不思議な力をもっている〟

もみじアプローチ――じわじわと、壁を低くし、橋を架ける

「ESDの大切さはわかる。でも授業や部活で入る隙間がない。これ以上新しいことを取り入れることは難しい」――これは、「ESDと聞いて、どんなことを考えますか？」という問いに中学校の校長先生が答えた時の言葉です。前段はその通りですが、後段は少しとらえ方を変えてほしいと思います。ESDは特別なこと、新しいこと、今までと違うことを増やすのではなく、今までやってきたことを止める、減らす、削ることだととらえてほしいのです。なぜならば、これまでの教育活動を「持続可能性の視点で見直し、再方向づけすること」がESDだからです。また、持続可能と聞くと、何でも続けなければならないと考える人もいます。そうではなく、持続可能にするためだからこそ、止めることや削ることも必要です。これまでやってきた教育が決して間違っているわけではありませんが、各国で教育が発展すればするほど地球環境が痛めつけられているとすれば、その教育とは何なのか？[*]という、アメリカの環境教育の論客であるデーヴィッ

＊David W. Orr, *Earth in Mind: On Education, Environment, and the Human Prospect*, Island Press,1994. より。

もみじアプローチ

紅葉が色づくように、徐々にＥＳＤが学校の中に染み込み、持続可能な教育が実現します。そして、その色は地域へと広がり、持続可能な地域社会につながっていきます。学校は、持続可能な地域社会のコアになるのです。

1．ESD を意識せず、教育活動を行っている段階
　※一生懸命、良い教育実践はしているが、まだ持続可能性には目が向いていません。
2．イベント等を中心に、ESD を意識して取り組んでいる段階
　※将来を見通した未来をつくる、持続可能な生き方等、持続不可能性に気づいています。
3．ESD を意識的に取り組んでいる段階。生活に根差した○○教育
　※環境教育や福祉教育等に個別に取り組んでいます。
4．持続可能性を教科の中に見いだし（入れ込み）、教科授業を行う段階
　※各教科の中に、持続可能性の要素を加味しながら授業をしています。
5．持続可能性を教科横断でつながりを見つけ、総合的・関連的に授業を行う段階
　※授業計画時につながりを見つけて、柔軟性のある授業をしています。
6．持続可能性を、学校教育すべての場に拡げる取組みをする段階
　※学校の課題を解決しようとする方向性です。
7．地域や社会の場に、学校が中心となって ESD を拡げる取組みをする段階
　※地域社会の課題を解決しようとする方向。変化の担い手としての自覚が芽生えます。

ド・オー教授の指摘は納得できるのではないでしょうか。

では、どのように見直し、再方向づけをしていけばいいのでしょう。大切な視点として考えられることは、ＥＳＤは学校の中だけで実践が終わるのではないということです。授業でやったことが、学校での生活の場面、家庭や地域社会にまで拡がっていくことが魅力でもあります。この学校では、そのような広がりを「もみじアプローチ」と命名し、もみじが色づくように学校や地域が変わっていく様子をイメージしました。具体的には7段階を指標として示しています。急激な変化は、反発と軋轢を生みます。時間的なつながり、空間的なつながりを意識しながら、ゆっくりと染み込ませていくことが肝要です。その時、課題になるのが持続可能性のエッセンスですが、これは各学校または各個人が自ら定めることが望ましいでしょう。ちなみに、この学校では、「ケア」がそのエッセンスとなっています。

まず何をすればいいのでしょう。「すべての教育活動を持続可能性の視点で見直してみよう」と決心すること、それが大きな一歩となります。そうすると、内容や関わる人や物事などのつながりが見えてきます。寛容・受容の心構えでつながりを大切にしていくことによって、そのつながりはどんどん広がっていきます。決して排他的になってはいけません。おそらく、ほとんどの学校では、この一歩を踏み出すことで一気に総合学習で取り組むＥＳＤまで進むでしょう。しかし、大半の学校が総合学習でＥＳＤをどのように扱うかに終始してしまい、ＥＳＤの本質に触れることなく教室内で完結してしまっています。ここでもう一歩を踏み出さなければ「価値観や行動、ライフスタイル」の変容を通しての持続可能な社会への変革は生まれません。もみじアプローチにおいて、教室での学びは、学校全体へと目が向けられ、家庭や地域へと拡がっていきます。その拡がりは、一般的にいう連携とか交流ではありません。地域の課題を学校が引き受けて、子どもたちが参画し地域とともに解決に向かうことによって、持続可能な未来の創り手としての自信と自覚を得ることができるのです。

イベントでのESD、教科でのESD、環境教育等でのESD、総合学習でのESD、もちろんその段階のESDもあります。繰り返しますが、そこで終わっては持続可能な社会の形成にはつながりません。もみじアプローチのどの段階に学校がいるのかを見ながら、一つ一つ壁を低くし、次のステップへの橋を架けていく必要があります。

ゆっくりゆっくり、でもしっかり染まっていくもみじアプローチが実践から感じ取れること、染まっていくスピードはみんな一緒ではないし、染まり始めるところもさまざまですが、でもそういうのが素敵なのです。大人も子どもも悩んで、今を少しでもよりよくしていこうと進んでは立ち止まり、進んでは立ち止まり、また進み……未来をつくるってそういうことだと思います。

column

この学校の「ケア」を存分に感じた1年となりました

3月に勤務校が決まったときから、わたしは不安を感じていました。この学校がユネスコスクールとしてESDを実践していることは知っていました。校長先生から電話を受けたときから、「まさかわたしがそこで働くことになるなんて…」という気持ちでした。ESDについては大学で少し学んでいたのですが、当時のわたしにとってESDは〝難しそうなもの・よくわからないもの・プラスαするもの〟という印象でした。それを実現する＝すごい学校というイメージです。「教員の仕事のことだって何もわからないのに、そんなすごい学校でやっていけるのだろうか」という心持ちで4月を迎えたことを覚えています。

けれども、10か月近く学校で過ごしてみて、「この学校は意外と普通な学校なのかもしれない」という印象に変わりつつあります。外から見ると、この学校は少し変わった（普通ではない？）学校であるそうです。これは他校の先生方との関わり（例えば、区研や市研、公開授業研究会）や12月に参加したユネスコスクール全国大会でじわじわと感じました。わたしも最初は同じような気持ちを持っていました。〝ESD〟〝ユネスコスクール〟という言葉を聞いただけで、特別感のようなものが生まれていたのだと思います。しかし、先生方と関わる中で「この学校の先生も普通の人間なんだな」ということがわかりました。「ESDをやらなきゃいけない！」という義務感やしがらみを持っている人はほとんどおらず（と見受けられます。)、むしろ自由に仕事をしている人が多い印象です。

では、何をしているのかと言われれば、やはりケアリングなのかなと思います。どちらかというと、わたしはケアされた側ですが、多くの先生方に時間をかけて温めてもらったなと感じています。この学校に来てから1~2か月の間は、不安と緊張でいっぱいで、正直、毎日気持ちが暗いままでした。それでも、いつも誰かが声を掛けてくださり、見守っていてくださったので、ひんやりしていた気持ちを温めることができました。学年・職種を問わず、本当にたくさんの先生方が関わってくださいました。見放されていると感じたことは一度もありませんでした。声を掛けてくださった先生方は、きっとわたしに対してだけでなく、ほかの先生方に対しても自然に行っているのではないかな、と思います。職員室を見渡すと、本当にいろいろな先生方が話をされている姿を見かけます。その雰囲気が職員室の中でいっぱいになった結果、学校全体に溢れているのではないかと思います。きっと、子どもたちや保護者の方に対してもケアリングの空気が伝わっているはずです。

ここでESDに立ち返ってみると、持続可能な未来を考えるうえでケアは欠かせないものだなと感じます。未来を生きる人々(いまの子どもたちの未来)の姿に思いを馳せて、「わたしたちは何をしたらいいのかな?」と考えることは、〝思いやり〟に他ならないのではないでしょうか。というより、思いやりの気持ちがなければ、未来のことなんて考えられないのではないかと思うのです。わたしたちはこれからも人と一緒に生きていかなければならないし、思いやりの気持ちなしには、誰にとっても明るい未来を迎えることは難しい気がします。

それを考えると、ESDをケアリングとしてとらえ学校全体にその雰囲気があるこの学校ってやっぱりすごいのかな、と思います。1年間、この学校での「ケア」を通してＥＳＤに対する印象は確実に変わりました。「わたしにできることなんて何もない」と感じていましたが、今では「わたしにできることがあるかもしれない」という意識があります。ほかの先生方、そして子どもたちへの思いやりの気持ちを忘れずにこの仕事を続けていきたいです。

（２０１６年初任）

サスティナブル・マップ――学校の「いいね！」を共有し、広げていく

「はじめに」で紹介されていますように、ホールスクールアプローチでより一層ＥＳＤを進めていきたいと考えていた２０１４年春、聖心女子大学の永田佳之教授より、イギリスのオルタナティブ技術センターが作成した「サスティナブルスクール」の絵を紹介されました（五島敦子・関口知子編著『未来をつくる教育ＥＳＤ』明石書店、２０１０年所収）。

学校内のみならず、地域社会にまで子どもの「価値観や行動、ライフスタイルの変容」を通して、持続可能な社会形成を目指すことを考えると、普遍的なモデルはなくとも、あるイメージを与えてくれるようなものがあればよい、とのお考えからでした。私たちはこのお話をうかがった当初は「こんな立派なマップがつくれるとは思えない」と感じていました。しかし「できるところから、まず行動してみよう」をモットーに、ラフスケッチを描いてみることから始めました。

できた絵に興味をもった先生たちは、付箋を使って、「この小学校のよいところ」「続けていきたいこと」を絵の上に増やしていきました。集まったよさは約60個。これを使って夏休みに第1版のサスティナブルマップが完成しました。

よさを見つけ共有していく中で、ともに見えてくるのは課題です。よさはマップに生かし、課題は「すぐになんとかすること」「どうしたらよいか考えること」「話し合うこと」等に分け、職員室の目のつくところに貼っておきました。角度を変え、学校の日常の中にあるよさや持続可能性を見つめることで、教職員一人一人の意識や行動が変わっていきました。

保護者や地域の方の協力も得て集まったよさは100個を超えました。これを「子どもを取り巻く環境・自然・中心に据えている大切な『命』」「先生たちが元気!」「子どもたちも元気!」「保護者・地域の方と、そして世界とつながる」の四つの項目に分け、イラストの得意な教諭を中心に、一つ一つを絵に表していきました。

サスティナブル・マップ　第1版

学校のよさを描き、それが視覚化されパッと目に入ってくるのですから、このマップづくりはとても楽しいひとときとなりました。子どもや先生方の話をしながら色をつけていき、第1版では入りきらなかった絵も入れ、学校の外とのつながりも描き入れると、四つ切り画用紙大だったマップは、模造紙大にまで広がりました。そして、ユネスコスクール世界大会（岡山大会、２０１４年）で発表しました。

また、作っておしまい、ではなく、このよさを持続させていくために、その後、このマップをもとにしたＥＳＤの学校評価の仕組みを考えました。また、地域の方々の活動とつながりながら、学校をコアにした「地域サスティナブルマップ」の作成にも取り組みました。

学校のよさを見つけて共有することは、自校の今を見直し、教育課程を再方向づけするのに大変役立ちました。よく、なぜ子どもではなく大人がやったのかと聞かれましたが、子どものために教育環境を考え創っていくのは大人ですから、まず大人が学校のことを知り、そのよさや課題を共有しておかなければなりません。学校においては、教職員が日常を見直す自覚こそ大事なのです。それこそが、社会を持続可能に変えていく源になるのだと思います。

輝く命を未来につなぐ教育――ＥＳＤ

私がＥＳＤに出会った時に考え、現在に至るまでの取組みを支えていることがあります。それは、命をベースに、ケアをエッセンスにしてＥＳＤにチャレンジすることです。持続可能性を阻害するものは、日常生活を見直すことで、いろいろあることがわかりましたが、その要素である環境も経済も社会も、そして文化もすべては命でつながっていると考えたからです。

命を輝かせるために、どのように教育活動を行っていけばいいのでしょうか。

そもそも、子どもは命そのものです。しかも、未来を担う大切な命です。どの命も輝いて欲しいと思います。しかし、生きづらいこの時代の閉塞感の中で、生きていく子どもたち、肯定できる自らの生に気づき、持続可能な社会の創り手としての自信と自尊感情、意志を育まなければなりません。そのためには、大きく自分の可能性を広げ、夢と希望をもって、豊かな子ども時代をおくれるように、私たち大人が環境を整えていかなければなりません。

現在、環境、人権、国際理解、文化、自然、経済、社会……の要素がすべて総合的に含まれ、互いに関連しながら課題を複雑にしています。すべての根底に流れる命に焦点を当てることによって、総合的・関連的・実践的な学びを構築し、複雑化している今日的な課題に立ち向かう意志と行動力を培うことが肝要です。

命は、すべての活動の根幹となっています。

この小学校のＥＳＤは、自分へのケア、他者へのケア、環境へのケアをエッセンスにして染み込ませる「命の教育」です。命にこだわり、学び、生きていることにさまざまな角度から切り込むアプローチです。学校全体にケアが溢れるようにホールスクールアプローチでＥＳＤに挑戦してきました。年間を通して取り組む「命の授業」をきっかけに、子どもたちの気づきを大切にしながら教育活動が進み、確実に子どもたちは変わってきました。命のつながりを意識し始めた子どもたちと教師は、今まで以上に気づきがある自分を発見しました。命のつながりへの気づきは、現在の複雑化している課題にも立ち向かえる「つながりに対する気づき」を培い、課題解決に向けたエネルギーを醸成しました。

自分の命も人の命も差別をしないこと。まず、誰かに温かくしてみよう。誰かに温かくしていれば、いつか温かさが自分のところへ戻ってきます。命がつながっているように、温かさもつながっているのです。何とかこの地球上で命のバトンタッチを続けていくことが、現代を生きている私たちに課せられた宿命です。日本の今を見た時、今こそ、しっかりバトンを握り直さなければならないのではないでしょうか。

学校環境を良くするＥＳＤフローラ

「ＥＳＤをわかりやすく、シンプルに伝えることができないだろうか？」

長年にわたって、さまざまな窓を通して持続可能な未来を見いだそうとしてきました。そして、講演会や資料等では、「ＥＳＤとは？ 子どもたちみんなが、『生まれてきてよかった』と思える社会。高齢者の誰もが『長生きしてよかった』と実感できる社会。そんな生きやすい社会の実現に向けて、私たちに何ができるか考えて、行動できるようになること」だとお伝えしています。誰にでもわかる言葉で、持続可能な未来社会を伝えようとした時、今ここをしっかり見てプロセスを考えなければなりません。持続可能な未来に向けて効率的に突き進むことを求めるがあまり、事実を蔑ろにするようなことがあってはいけません。目の前にある現実としっかり向き合い、ことの本質をとらえ、解決に向かうようにさまざまな関係者と協働していかなければなりません。また、大人は子どもの憧れでありたいし、大人は高齢者を支える存在でありたいと思います。もし、大人になるのが楽しみだと子どもが思えないようなら、持続可能な未来の創り手になろうという気持ちは起こらないでしょう。

　結局、このＥＳＤという教育は、大人の問題であり、対象は大人である私たち自身なのです。私たち大人は、家庭で、学校で、社会で、日々子どもから見られています。子どもたちが「生まれてきてよかった」と思えるような社会にしているでしょうか？　私たちの生活を見直して、私たちの行動や生活を変えていくことが、子どもたちの持続可能性を学ぶ一番の環境になるのです。ＥＳＤを一言で言うならば「変革」であり、自ら、その価値と行動・生活を変えていくことに他なりません。これまで当たり前のように行われてきたことを見直し、その繋がりを再構築していくことがＥＳＤなのです。

ESD フローラ

　持続可能性に関わる多様なテーマがあります。学校では、教室、授業、学習課題、ガバナンス、コミュニケーション、地域性……さまざまな視点があるでしょう。その視点には必ず対局に置かれる視点があります。二者の距離をお互いにバランスよく縮めて、つないで考えることによって、徐々に両者が中心に近づいていって持続可能になるのだと考えます。例えば、世界―身近：世界共通の課題を身近な課題に変換して取り組む。教科―総合：教科の壁を超えて、総合との関連的な学習を展開する。学校―地域：地域の課題を学校の課題として引き受けて考える。授業―生活：授業での学びを日常生活に生かす。教室―職員室：教室で求めることを、職員室で体現する。それは、正に変革であり、今まで当たり前だと思ってきたことを見直し変える挑戦でもあります。持続可能な未来のために、境目を越えて、つながり合う教育こそ、今求められているのだと思います。

ＥＳＤに挑戦する皆さんへのメッセージ：「とらわれない・おそれない・あきらめない」学び続ける者をエンパワー（元気づける）するのがＥＳＤ！　です。

学校を元気にするESD

「仲がいいし、愚痴を言う人がいない。忙しさは変わらないはずだし、いろいろな問題も起こるけど、ゆとりを感じる。子どもの問題行動も可愛いととらえ、問題の責任を、子どもや親、人のせいにしない。外から来る人をよそ者扱いせず、構えないで迎えてくれるので、すぐに馴染むことができる。とにかく、先生たちが元気。」

この小学校に異動して来た先生に印象を聞いてみました。これまでも、「この小学校の先生も子どもも元気、明るくて元気な学校。訪れた人も帰る頃には笑顔一杯で元気になって帰っていく」と言われてきました。そして、どうしてこんな雰囲気になるのだろう？　という問いが生まれるようです。

学校は、子どもが主役ではありますが、先生が元気じゃないと子どもを輝かせることはできません。そこのところを無視して進めようとすると、それでなくても多忙で疲弊している先生たちは、がんじがらめでやる気もなくなっていきます。アクティブラーニングやらカリキュラムマネジメントといったって、自分がアクティブでなく、主体的・協働的になれないのですから、旗振れど踊れずです。

では、どうすればいいのか？「ケア」と「サーバントリーダーシップ」を取り入れることです。まず、学校経営の基盤にケアを！　リーダーの信条にサーバントリーダーシップを！　です。リーダーは、校長とは限りません。学年主任も、学級担任も……その組織においてはリーダーです。そして、ビジョンとしては、持続可能（サスティナブル）な未来を創るという希望と期待に満ちたESDがベストです。先生も子どもも、持続可能な未来の創り手であり、変容の当事者です。やりたいことがやれる自由、昨日より今日、今年より来年が良くなっていくという希望が保障される環境をつくることが肝要です。

具体的には、その場に集ったすべての人が、常にお互いを気にかけるケアの心構えや眼差しを大事にすること。リーダーは、時には主従関係を逆転させること、発する方から、受け取る方への場所替えをすることで、主体性を確保することです。勇気を持って行うことによって、必ず元気な学校に変貌します。

子どもの輝きを増すために、先生を元気に、学校を元気にしたいとお考えの方、ケアとサーバントリーダーシップを基盤としたＥＳＤをやってみませんか？

column

見守る

この学校で4月に毎年必ず見られる姿があります。坂を走って下った1年生が転んでけがをする。そして、1年生を職員室まで連れてくる6年生。

「大丈夫？　痛かったね。」

「あと少しだよ。お名前は？」

職員室のドアが開き「先生、1年生の○○ちゃんが転びました。」

今年もこの時期が来たなと感じます。

名前もまだ覚えていない1年生に優しく声をかけ、学校まで連れてくる6年生を見て、上級生としての意識が育ってきたなと嬉しく思います。誰かに言われなくても困っている下級生には自主的に声をかけ、自然と仲良くなっています。

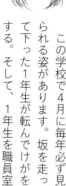

1年生もそんな姿を見て安心して学校に登校できるようになってきます。

ある日、1年生が掃除中に遊んでしまって教師から注意を受け、落ち込んで廊下で座っていた時、掃除の手伝いに来た6年生のT君が「A、どうした？ なにかあったのか？」。A君は話せず、周りの子が状況を説明。T君は「俺も同じことがあったよ。でもな、反省しているんだよな。掃除行こうぜ」。隣に座って話してくれるT君。それでも動けずにいるA君。T君は、なかなか動けないA君を心配して教師に相談。

「Aは、反省してると思うんですけど、なかなか動けないんですけど、どうしたらいいですかね？」

「うーん。先生も声をもう一度かけてみるね。T君はどうしたらいいと思う？」

「俺も同じことあったからわかるんです。一歩踏み出せたら平気なんですけどね。」

いろいろ投げかけてもA君は動けず、T君はA君を気にしながらも掃除の手伝いを始めました。

時間を経て、T君がA君を誘って一緒にバケツの水の入れ替えに行きました。T君は嬉しそうにA君の頭をなでていました。その姿を見て教師自身もうれしくなりました。ずっとA君を心配し続けたT君の姿。なかなか気持ちが切り替えられなかったけれど、T君の気持ちがうれしくて頑張れたA君。そんなすてきな姿が至るところで見られます。


見守る。

簡単にはできないことです。6年生は、いつも1年生を見守ってくれています。


（2012年着任）

第3章　教師についてみなさんに伝えたいこと

――異端が教育を変える!!

教師は、ほとんどの人がまじめですし、何事にも全力で一生懸命取り組みます。子どもにもそれを求めますから、自らが身をもって示すのは素晴らしいことです。しかし、何事にも100パーセント出し切って、あとに何も残っていないとなると、次への意欲が湧いてきません。次への意欲と新しいことを吸収できるように、いつも一割ぐらいの隙間を作っておいたらどうでしょうか。

本章は、この学校の先生たちの問いに答える形で自身の教師時代を振り返って書いてみました。

1　これまでやってきたこと

――ではまず、ずばり、なぜ教師の道に進まれたのか教えてください。若いころのエピソードなどもぜひ。

教員になった動機は、「大学まで続けていたバスケットボールの楽しさをより多くの子どもたちに知らせたい。バスケットボールをもっとメジャーなスポーツにしたい。」という想いでした。したがって、中学か高校の保健体育の教員になってバスケットボール部を受け持ちたいと思っていました。願いが叶って横浜市の中学校採用試験には受かったものの、体育の教員の空きがなく所属校がなかなか決まりませんでした。１９８０年当時は、中学校の採用が少なく、小学校の採用が多い傾向にあったので、市教委に呼ばれて言われたことは、「中学校なら6月から、小学校なら4月から働ける。4月から働けば6月にはボーナスがもらえる。」という話だったと思います。早く就職して安心したいという気持ちとボーナスがもらえるという誘惑に、すぐに話に乗って小学校で働くことにしました。まあ、とりあえず小学校に入っておいて、すぐに中学校へ移ればいいという安易な気持ちでした。

1年目は、小学校の免許がないので仮免許、助教諭という立場で3年生の担任を受け持ちました。小学校での授業をした経験もないのに、全教科を教えることになりました。小学校の授業ぐらい簡単に教えられるだろうと思っていましたが、とんでもありませんでした。自分がわかっていることだからといっても教えるとなると簡単ではないということを実感しました。そもそも、中学校の保健体育の授業しかやったことがなかったわけですから、授業づくりや学級づくりなんて考えたこともなく、毎日が「行き当たりばったり」状態でした。中学生や高校生に比べたら小学生はかわいいですから、受け答えや接し方も優しくしていました。ところが、3年生の子どもたちはギャングエイジ、優しくしているとつけあがるし、厳しくするとふてくされるという状態になってしまいました。小学校教員になっての1年間は、若くて一緒に遊べるだけの文字通りの新米教師、その中でもできの悪い方で、授業も学級経営も人に見せられるようなものではありませんでした。おまけに毎日夕方5時から小学校免許を取得するために大学に通っていましたから、授業の準備もほとんどできませんでした。当時は、保護者も長い目で見て教員を育てようとしてくれていましたので、文句一つ言わず見守ってくれました。何とかクラスは収まってはいましたが、その当時のクラスの子には、悪いことをしたとずっと思い続けています。

　私が就職した頃から、小学校でもミニバスケットボールが盛んに行われるようになってきました。横浜市では熱心にミニバスケットボールを指導する先生が多く、取り組む学校がどんどん広がっていました。小学校でもバスケットボールが教えられるわけですから、もちろん、私も手を出しました。中学校や高校よりも早い段階で子どもたちをバスケットボールに出合わせることができるのですから、こんなチャンスを逃すわけにはいきません。地域の子供会でやっていたポートボールチームを統合して、ミニバスケットボールチームを結成し、できたばかりのミニバスケットボール連盟に加盟しました。私は、中学校から大学まで選手としてやってきましたが、指導者としては初心者です。自分のポジションのことはわかりますが、他のポジションやチーム作りのことは全くわかりません。教室でも体育館でも新米教師の私は、思うようにいかない日々が続きました。試合で負ける度に、強くなるために学びました。他の小学校の先生方は、バスケットボールをやったこともない人がほとんど、それなのに試合になると私のチームは負けてばかりで競い合うこともできませんでした。悔しさが募り、強いチームをつくるため1日の大半を練習メニューやチームづくりについて考える時間に割きました。日本一になるための練習を考え、夜遅くまでひたすら練習し、毎週練習試合をし、いつしか体育館の鬼と呼ばれるようになっていました。

えっ、授業は？ 小学校の教員でしたよね、と思われるでしょう。もちろん、学校には行っていましたし、担任も持ち、授業も楽しくやっていました。数年経つと学級づくりや授業づくりも独自のやり方を考え、子どもたちとの信頼関係も築けるようになっていました。週の計画表や授業予定等も子どもたちが考えて進めるようにしたり、学級経営も子どもたちに委ねたりしながら、自分で考え、自分で判断し、自分たちでつくる授業や学級を目指していきました。

授業でも、一つの発問をした後は、指名や子ども同士の相互指名をすることなく、お互いの様子を見ながら自由に発言できることを目指しました。時間はかかりましたが、学級は自由であるとともに、お互いを認め合う雰囲気で過ごせるようになっていきました。学級崩壊したクラスの立て直しを任されることも度々あり、体育館とは真逆で、学校では穏やかでよく話を聞くタイプの教師になっていました。クラスは楽しくするため、バスケットボールは勝つためと割り切っていました。と言うと聞こえはいいですが、バスケットボールに割く時間が多いので、授業や学級のことを考える時間が少なかったのです。ひどい話ですが、その当時は本末転倒な日常で、子どもたちも、それをよくわかっていたので、教室と体育館での接し方も違っていました。バスケットボールを教えるために教師になり、中学校の部活のように小学校でもやろうとしていました。自ずと、体育館での時間の充実を求めることが一日の中心を占めるようになっていました。今から考えると、自らブラック部活をつくっていた頃だと思います。

転機は女子チームで神奈川県大会優勝・全国大会出場を狙っていた年に訪れました。4年生から3年間育ててきた自慢のチームでしたが、県大会準々決勝で、相手の戦略にはまり、思わぬ敗戦を喫し、目標を達成することができませんでした。毎日夜遅くまで厳しい練習をし、毎週のように県外遠征して、強化をしてきたチームです。子どもたちも私も保護者も、完全に力が抜けてしまいました。そして第1章でも触れましたが、ここまでバスケットボールに打ち込んできた子どもたちが、中学に入ると、ほとんどバスケット部を選ばなかったのです。ショックでした。私がやってきたことは何だったんだろうと悩みました。そして気づいたのです。私が一生懸命にやってきたことは、私の描いていたことと全く逆方向のことだったということを。小学校で燃え尽きさせてしまったのです。その時、子どもから学びました。――「過ぎたるは猶及ばざるが如し」。

次の年から思い切り方針を変えました。練習は1日2時間。練習試合は一切しない。子どもたちは呆気にとられていました。まさか、本当に2時間で練習が終わるとは。しかし、練習途中でも時間がきたら止めました。結果的には、これまで以上に集中して練習をし、練習試合をやらない分、公式戦が待ち遠しくなったようでした。試合慣れしていないので、シーズンの前半は調子が出ませんでしたが、だんだん試合慣れして冬の県大会の頃には戦えるチームになっていました。例えば夏休み前に30点差以上で負けていたチームに、10月には10点差、12月には接戦、1月には10点差をつけて勝つという具合です。不思議なもので、あれだけ練習し、練習試合をしまくっても勝てなかった神奈川県大会で優勝し全国大会に出場したのです。それも2年連続です。その時の教え子の一人が田臥《たぶせ》勇太《ゆうた》選手（現　Bリーグリンク栃木）です。勇太は、3、4年生、6年生で神奈川県大会で優勝し、全国大会に出場しました。3、4年生の時は、先輩のプレーをサポートしたり、つないだりする役割でした。一試合で5分間の出場でしたが、ボールが落ちてくるところに必ず勇太がいて、シュートを決めていました。その当時から彼は視野が広く確保できていたのだと思います。特に6年生の時には、大会前から注目の選手として取り上げられ、そのパスは観客を魅了しました。ますます視野も広くなり、コート上にいる選手だけでなく、審判まで見ながらプレーするということで、審判から恐れられるほどでした。全国大会では、残念ながらベスト8でしたが、市選抜チームが多い中、単独チームとしては最強と言われました。もちろん、勇太一人の力ではなく、メンバー一人一人のカラーと得意なプレーが発揮されていたからです。バスケットボールや勇太の話になると、長くなるのでこのくらいにしたいと思います。

さて、私も30代半ばとなり学校での仕事も教務にも入り、研究主任が回ってくるようになりました。それとともに、体育館に行く時間も取れなくなり、バスケットボールからも離れなければならなくなりました。考えてみれば、中学校の部活でバスケットボールをやるために教員になったはずなのに、いつのまにか小学校教員にどっぷりつかり、学校の中心として働くようになっていました。その間、バスケットボール以外はというと、良い意味で子ども任せの授業と学級経営だったと思います。

クラスは楽しくし、自分が嫌だったことは子どもにはやらせないというのが、教師になった時に同じく教師であった父から言われたことでもありました。宿題は嫌だったので、宿題は出しませんでしたし、そもそも宿題なんて言い方が古めかしいと思っていました。しかし、自主学習ノート（ドンドンノート）には取り組み、家庭でやってきた自主学習を授業で取り上げたり、さらに深めるようにアドバイスしたりして、一人一人が得意な学びをつくっていけるようにしました。人から「やらされる」ということが嫌いだった私は、子どもにもやらされる授業をさせたくはなかったのです。「どうすれば自分からやりたいと思うようになるのか」、それだけを考えて授業に向かいました。「教科書の○○ページを開いて」などという始め方では、やりたいとは思わないので、日常の話からいつの間にか授業に入っているようにできないかと考えていました。落語の枕のように上手くはしゃべれなくても、知らないうちにのめり込んでいるような授業、そんな授業ができないかと話題をいろいろ探したり、調べたりしていました。今流行りの学び合いやディベートは毎日のようにやっていましたし、教室から飛び出し、いろんなところで授業をしました。地域にもよく出かけましたし、子どもたちだけで地域に出すこともよくありました。たまに給食の時間や避難訓練にも遅れて迷惑をかけたこともありました。まぁ、失敗も多く、話せば恥ずかしいことも、口が裂けても言えないようなことも数多いです。

――住田先生は校長になる前から、その時その時の立場で、新しい波を起こされてきたと伺っています。学級担任時代、荒れたと言われていた6年生を受けもった時に同学年を組んだ方は「住田先生は声を荒げて怒らないんだけど、不思議と子どもたちは落ち着いていったんだ」と当時を振り返っていました。担任時代、どのような考えで学級経営をされていたか教えてください。

ある学校で、５年生の時に学級崩壊したクラスを6年生で受け持った時のことですね。今まで受け持ったクラスの中で一番変化が大きかったクラスと言ってもいいかもしれません。

５年生の時にも縦割りグループで担当のクラスだったので様子は知っていました。特に給食時間はひどいものでした。教室の天井や壁に食べ物を投げつけた痕があったり、フォークやカッターナイフを投げていたりする場面もありました。学級崩壊は、給食の時間から始まるといいますが、かなり崩壊が進んだ状態だと見ていました。子どもたちの目が疑いに満ちていましたし、殺伐たる光景と恐怖教室に見えました。そのクラスを自分が受け持つことになった時、心に決めたことがあります。それは〝このクラスを学校で一番いいクラスにすること〟です。これまで、学校で一番困ったクラスだと思われてきたわけですから、クラスの子どもたちは、知らず知らずのうちに一番悪いクラスに在籍していると思うようになっています。自己肯定感も低くなっています。しかし、子ども一人一人の問題ではなく、信頼関係が崩れた結果が学級崩壊を起こしているのです。その関係を修復しなければなりません。その方法は簡単です。「子どもとクラスを本気で好きになること」です。自分の息子や娘だと思って接することです。学級崩壊を起こしているクラスの担任や子どもたちは辛いと思うのですが、きっとお互いを嫌いになっているのだと思います。

まず、「話を聞いてもらえない、褒めてもらえない、認めてもらえない」と思っている子どもたちの心をほぐすことが必要です。子どもたちとの出会いの日には、「先生は、このクラスを学校で一番のクラスにして卒業させたい。そのためには、先生一人ではできないから協力してほしい。みんなの意見や考えを聞かせてほしい。それを実現するようにしていきたいと思う」と話しました。そして、授業初日は、「今日は、社会科の授業開きをします。皆さんの住んでいる地域には、歴史がわかる建物や場所等がたくさんあります。好きなところに行って、話を聞いたり、調べたりして来てください。給食時間までには帰ってきてください」と。当然、学年の先生や校長先生にも話しましたが、とても不安そうでした。「大丈夫ですか？　悪いことしませんかねえ。時間までに帰ってきますか？」。まあ、しょっぱなから解き放つことは、落ち着いたクラスでもやらないでしょう。「どうなるかわかりません。やってみなければわからないです。でも、今年1年を占う賭けです。子どもが私を信頼しようとしてくれていればやってくれると思います」。もちろん私も不安でそわそわしながら待ちました。意気揚々と出かけていった子どもたち。私がこの時間をみんなに任せたことを感じてくれているだろうか――。給食時間前、心配をよそに和気あいあいと帰って来る子どもたち。何をしてきたかはわからないが、そこそこ良い顔をしていました。それを見て、校長先生と胸をなで下ろしました。とはいえ、すぐに落ち着いたクラスになるほど簡単ではなく、夏休み前までは痩せる思いで、子どもたちと関わり続けました。

大事なことは、信頼することであり、任せることです。もちろん、失敗もしますし、問題も起こします。あきらめたら負けです。教室は私と子どもたちとの戦いの場です。自分たちで考えて、責任をもって行動することができれば子どもたちの勝ちです。どんなに細かいことでも評価しました。自分たちはできているのかどうか、自分で評価させました。いいことはいいと評価できること、悪いことは悪いと評価できること、そして私がそれを褒めたり、アドバイスしたりすること、毎日が戦いです。「朝会で並ぶのでも、運動会の練習で並ぶのでも、準備に行くのでも、先生がいなくても、いつも一番になろう！」――そんなことでも、できると嬉しいし、褒められると嬉しいものです。クラスでも学校でも褒められることが増えていきました。褒めるところは一つもないと言う方がいますが、褒めるところが見つかるような場を設定すればいいのです。

卒業式の練習の頃には、歌の出来が悪いと自己評価すると、音楽の先生や他のクラスに練習をしてもらえるように頼みに行くようになっていました。学校で一番いいクラスになったかどうかはわかりませんが、自分のクラスに誇りを持てるようになっていました。「話を聞く、認める、褒める、信じて任せる」、この教師の姿勢が、いいクラスをつくります。「言うは易し、行うは難し」ですが、それが教師の責任だと思います。人がやらないようなことを好んでやっていましたので、異端的な教師だと思われていましたが、結構根っこの部分はまともなのかもしれません。

異端と言えば、授業研究会でも、前の日にならなきゃわからないと、本時の展開を白紙で出したこともありました。子どもを誘導するような指導案なんて無駄だし、ライブ感がなくなり死んだ授業になると考えていました。計画的とか意図的とかという言葉は大嫌いでした。そもそも普段は指導案なんか書かないで授業をしているわけですし、結構いい授業ができます。授業研究会で指導案を書き直し過ぎたために、何がやりたかったんだかわけがわからなくなって、ひどい授業になることがよくあります。一体誰のための指導案検討なんでしょう。そんなことに時間をかけるなら、もっと日々の授業に力を注いだ方がいいのです。まあ、バスケットボールに使う時間が多い私にとっては、余計に無駄なことのように思えていたのかもしれません。でも、指導案ができたかどうかばかりを話題にする研究会には疑問がいっぱいでした。おそらく同僚からは、変人と思われていたと思います。一方、子どもたちはと言えば、自由に考え、自由に行動する、任されていることも多いので、自分たちで学級文化をつくっていました。面白そうだと思うことは、やってみようと皆で協力してやっていました。私の学校経営は、すでに担任時代から始まっていたのかもしれません。

バスケットボールの指導から離れて、学校の仕事をメインにし始めてから、学級でやっていたのと同じ感覚で学校経営にも関わりました。楽しい学校にするために、既成概念には囚われないようにしよう。他の学校がやっているかどうかは二の次で、行事や日課表等を変えていきました。

しかし、私がいなくなると続かなかったようです。この頃、独りで先導して、周りがついてくることへの限界を感じました。要するに、トップダウンは、リーダーがいなくなると効力がなくなるということです。いかに教職員を巻き込み、学校全体で取り組むようにするか、それは、校長になってからの私の最重要課題でした。校長一人の力で牛耳っている学校は、すぐに崩れます。一方、みんなでつくる学校、そして、子どもと保護者、地域が学校文化を継承していくようになれば、よさは持続します。私はＥＳＤをやるために校長になりました。その当時はＥＳＤと聞いても、横浜では、ほとんど誰も知りませんでした。いかにしてＥＳＤを導入し、学校全体で取り組むようにすればいいのか。しかも、みんなでやっていくようにできるのか、私の校長人生をかけたチャレンジでした。

――バスケットボールから学ばれたことがとても多いようですね。

今、ブラックの代表のように悪者になっている部活ですが、私がやってきたミニバスケットボールは、中学校の部活以上に長時間やっていた頃がありました。前述のように、練習時間を短縮して勝てるようになったのも、失敗を経験したからこそです。失敗や間違いに気づいていながら直していこうとしないのはよくありません。

しかし、そもそもこのチームで勝てるのかという問題がありました。まだ、プロリーグもない時代、バスケットボールの人気はそれほど高いわけではありません。私のクラスになったらバスケットボールをやると決めてもらうわけにもいきませんし、選手は集まってきませんでした。特に、男子は野球とサッカーのチームに入っている子がほとんどでした。10人揃えないと試合が成立しないというルールがありましたが、1年生から6年生まで集めてやっと10人になるくらいの台所事情でした。そうすると、1年生と6年生に同じことを求めるわけにもいかず、また、それぞれが個性的なので、いやでも個に応じた動きや役割を考えてプレーをしなければなりません。能力で勝負していては勝てませんから、その場に応じて自分で考えて動けるようにしなければなりません。パスかドリブルかシュートか、下がるか上がるか、当たるか引くか、攻めるか攻めないか……一番よい選択をすることが勝ちにつながります。「今、自分は何をすればいいのか？どうするのがチームのためになるのか」と問い、考えさせる練習を徹底的に繰り返しました。

〝自分で考えて、判断し行動すること〟――弱小チームを強いチームに変えるためにやってきたことは、実は学級づくり、学校づくりにも大きな影響を与えてきたのだと思います。当時は、「バスケットは勝つこと、クラスは楽しくすること」と、自分のスタイルを変えていたつもりでしたが、結局、自主性や自立を求めてきたことでは一致していたのです。小学校にしても中学校にしても、公立であれば能力のある子ばかりがチームにいるわけではありません。一律的に同じ内容の練習だけをしたり、能力が低いからといって何もさせなかったりしていては、個人もチームも成長しません。それぞれの持っている個性・才能を生かしてチーム作りをしていけば、全国大会に出るようなチームにはならなくても、強くていいチームができます。しっかりした考えを身につけていれば、他のことへも波及します。バスケットボールだけが人生ではありませんから、他のことにも生かしてくれると思います（まあ、田臥のようにバスケットを人生にしてしまった教え子もいますけどね）。

集まってくれたメンバーの最高のパフォーマンスを発揮できるバスケットのチーム作りは、学級づくりにも学校づくりにも役立っているのです。職員室にいる教職員の皆さんも、いろいろな人がいます。得意な教科も違います。初任の人、退職間際の人、コンピュータが得意な人苦手な人、ピアノが弾ける人弾けない人、英語が喋れる人喋れない人、意見を言う人言えない人……違うのが当たり前です。それぞれ才能を知り、それぞれが役立てるように、それぞれに合った仕事をしてもらえばいいのです。みんなに同じようにやってもらおうと思う必要はないですし、できないことをやらせるのはストレスにしかなりません。しっかり自分の役割を自覚し、その場で考えて判断し、動けるようになれば、強くていい職場になるでしょう。人が育つというのは、子どもも大人も同じですし、スポーツも仕事も同じです。強くていいチームは、自分で、自分たちで、自分たちの良さを生かして動くようになるものです。人に指図されて動くチームは決して強くていいチームにはなれません。

――長い間体育主任をされていたようですが、元同僚の方は「住田先生が体育主任の時に運動会が自然な形で改革されていった」と言います。「自然な形」とは「誰も強制されず無理せずに」「皆が納得して」だったと聞きました。ある意味、この学校での職員室経営に通じるところがあるように思われます。

25年ほど体育主任をやっていましたが、初めの15年は、全部自分一人でやっていました。私が教員になった頃、体育主任はスーパーマンのように働くのが美徳とされていましたので、体育に関することはすべて牛耳っていました。プール掃除やプール点検、体育倉庫の整理や砂場の整備、各学年の指導計画や資料の作成、校庭のライン引きやコート作り等々、人には手を出させないように、「体育部はサービス業」と言いながら独りでやっていました。体育主任用のスコップを買ってもらって、毎朝砂場を柔らかくするのを日課としていたこともあります。周りの人がどのように思っているかを考えるよりも、自分がやりたいことを実現するためにどのようにすればいいかを考えていました。新しい学校に異動した当初は、急にいろいろ変えようとしたので、ベテランの先生たちからストップがかかったり、ぶつかったりすることもよくありました。職員会議で提案している途中に「住田さんが来たからといってそんなに変えないでください」「もう聞きたくありません！」と怒られたこともありました。体育の行事は学校全体に関わることが多いので、そこは争わず、少しずつ譲歩しながら変えていきました。人間関係を壊したら、やりたいことができなくなりますからね。その時には、私の提案を阻止する人たちを頭の固い人たちだと非難していましたが、今となっては、あの時に、反対したり、ストップをかけてくれた方々には感謝しています。おかげで「根回し」を覚えましたし、少しずつじわじわと変えていくことで、結果的に全体を変えていくことができることを学びました。

変えていったことの中でも、運動会にかける熱意は常軌を逸したものでした。体育主任にとっては、最も周りから評価される行事が運動会でした。綿密な計画、人事配置、学年の出来映えチェック、全体練習の完成度等々、うるさいぐらいに介入していました。「気を付け」「休め」「止まれ」の細かな説明と徹底、行進の列をきれいに揃える練習等々、今ならほとんど気にしないようなことを、とてもまじめに指導していました。個人的には、学年競技や演技の指導、全体練習、選手リレーや全校ダンスの練習とスーパーマンらしく動き回り、すべてを把握しながら進めました。恐らく、どこの体育主任もそうだったと思います。「俺がやるからついてこい！」的なやり方が主流でしたし、先生方もそんな体育主任を求めていたようです。「自分がやります！」と言えば、「どうぞ、どうぞ」という感じですね。そして、運動会当日は、進行計画通りに時間を守り、終了予定時刻通りに終わることが重要視されました。それが、運動会を進行する体育主任の最高の評価だったのです。今から考えると、誰のための、何のための運動会だったのかと思いますが、当時は、信じて疑うことなく、成功と言われることを自分の評価と考えて突き進んでいました。

ところが、あるオリンピックの放送を見て、力が抜けていくのを感じました。世界は変わっている、自由だし、楽しんでいる。型に囚われていなくても、いざ、競技になると最高のパフォーマンスを発揮していたのです。その流れは、１９８０年頃からだと思いますが、ロサンゼルスのオリンピックでは選手たちの入場はバラバラで列をなしてはいませんでした。整然と並んで行進することは、軍隊をイメージするということで、平和の祭典には馴染まないと変わってきたのだと記憶しています。私の初任の頃には、壇上の校長先生の前を通る時には敬礼のような恰好をしたり、顔を向けたりさせていた記憶もあります。すごいことをやらせていたものだと思います。

自分がやってきたことは、もう過去の価値観にもとづいたものであり、自己満足なのではないのか、という問いが浮かんできました。それは過去の実践の再現であり、より正確に再現することを追い求めることに全力を注いできたのではないのかと。考えてみれば誰でもできることであり、独自の考えは、そこにはありません。子どもや先生たちは、それに付き合って、言われるがままにやっていればいいと思っていたのでしょう。自分の狭い知識や実践を拠り所とした運動会、それは果たして、みんなが楽しめる価値のある運動会だったのだろうか。もしかすると、オリンピックで見たような自由で楽しい、型に囚われない運動会にすることができれば、もっと子どもたちは力を発揮するのかもしれない。極端な言い方をすると、私の運動会を私たちの運動会にすること、型に囚われた運動会を型破りの運動会に、恐怖の運動会を楽しい運動会に、そして何よりも、「自由で主体性のある運動会」にすることへ意識が向くようになっていったのです。内向きでしていたことを、外向きにすることで自分の意識が変わっていったのだと思います。それからは、楽しむ、任せる、挑戦するということを常に意識して進めるようになりました。先生たちから意見を聞いたり、自分が調べたり、見たりしたことで面白そうなことを少しずつ提案していきました。昨年度と同じにならないように、いくつかの新しい提案をしていくようにしました。

その提案も、「面白そう、楽しそう」を基準としました。例えば、運動会では、ダンスに多くの練習時間を割きます。もっと走ることや競技に力を入れることが本質だと考え、ダンスをやめました。走る種目を、短距離走・中距離走・ハードル走・バラエティ走等から選択制にしました。画一的な競技から多様に選択できる競技へと変えていくことで、運動会が活性化しました。選択できるということは、子どもたちにとって楽しいことで、自分ごととして取り組みます。ダンスは色別でパフォーマンスを考えて、応援合戦で披露しました。入場行進も変えました。昔ながらの行進は授業でもやりませんし、日常的にやる場面もありません。確かに揃えることを学ぶ必要はありますが、何も運動会の行進でやらなくてもいいのです。色別に入場の仕方を考えたり、全く入場はせず、応援席で開会式や閉会式に参加させたこともありました。色別の入場は、踊りながらの入場、ステップをしながらの入場等、工夫しました。自分たちが考えたことが色別でできること、他の色には当日まで知られないように極秘で練習するなど楽しかったようです。応援席で開閉会式に参加した時は、運動会の歌の場面で、今までに味わったことのないような感動を覚えました。校庭のトラックを囲むように座っているので、その歌声が響き合って聞こえてくるのです。運動会でありながら、野外でのコンサートのようでした。このように次々に新しいアイデアを募って、実現していきました。大切なことは、私の一存で決めるのではなく、先生たちや子どもたちが参画し、楽しみながら一緒に運動会を創っていくことです。「体育主任が中心となってこなす運動会」から「子どもとともに創る運動会」へと変革していきました。こういう取組みを進めていくことによって自ずと、学校全体が活気にあふれ、元気になっていったことで得た喜びはとても大きかったと思います。

――体育部といえば、失礼ながら旧態依然とした体制というイメージがありますが、その中で革新的かつ民主的であり続けた住田先生はやはり「稀有」な方とお呼びしていいかもしれません。そんな住田先生が育まれてきた背景を探りたいと思います。どんな子ども時代・学生生活を送られてきたのでしょうか。

いろいろな場所で、「なぜ他の校長と違うのか?」と問われます。そういえば、教員時代もよく「変わってる」と言われていました。「変なことをしている」「人の言うことには従わない」「今までやってきたことを変えようとする」……。校長にとったら厄介な教師だったと思います。とはいえ、どっちでもいいことには長いものに巻かれて素直に従っていたと思います。私にとっては、学校で話し合うことは、どちらでもいいことが多かったので、従順にやっているように見えたかもしれません。そんな姿があったためか、私が新しいことをするときには、比較的協力してもらえることも多かったです。それにしても、どうしてどこの学校でもどうでもいいようなことを真剣に話し合って、時間を潰すのかと不思議に思っていました。そのことがすでに他の人とは違っていたのだと思います。どちらでもいいようなことがありますよね。例えば、休めの姿勢の時に、手をどうするか? 横で組むか後ろで組むか――こんなことでも喧々諤々の議論をしていました。重大な問題だとお考えの方がいらっしゃったら申し訳ありません。どちらでもいいことが多いので、担当者が決めてくれればいいのです。どっちにしても、メリットとデメリットがあります。やりながら修正していけばいいのです。そういう考え方が他の人とは違っているのでしょう。そのことに対して、他の人が白黒はっきり決めてやろうとしていても、自分はそんなことはしないほうがいいと思っていました。他の人と違うことは悪いことではないし、恐れることではありません。

自分の過去を見つめてみると、真っ先に浮かんでくるのは、「人と違うことを恐れない」というより「人と違うことを楽しむ」ことであり、他の人が自分と違っていても否定しないということです。認めることで、認められる。他がやってるから、他がやってないから、そんなの当たり前だろ！に負けないことです。みんなと同じだから安心だとか、みんながやらないから不安だとか、あの人が言うから正しいとか、あの人が言うから間違っているとか。みんなと同じことをやったために、大変なことになった歴史があるし、今でもそういうことは起こっている。誰が何と言おうと、望まないことはやらない、自分で考えて決めたことはやってみる。命ある限り、いつでも遅すぎることはないのだと思います。

さて、こんな考え方をするようになったのは母親と育った環境が影響していると思います。母は京都の生まれで声の大きな人でした。幼少期に筆箱やカバンや靴など、みんなが持ってるのと同じものを買ってほしいと言っても、「そんなん、あかんがな！」と一言で決着をつけられることが多かったです。そして、「これはみんなが持ってない、こっちの方が長持ちする」と言い込められたものです。小学校の時から黒革の筆箱を使っていたり、赤いショルダーを持っていたり、お下がりのだぶだぶのズボンをはいていたり、手芸クラブに入ったり、知らず知らずのうちに、他の人とは違う物を持ったり、違う選択をすることが自分のスタイルになっていました。

これは余談ですが、スーパークールビズという夏のワーキングスタイルが流行りましたが、あれは私が先駆けです。2007年のエコチャレンジカップで提案した「一歩進んだクールビズ」で受賞しました。それは、ネクタイを外すだけでなく、ポロシャツを着て仕事をしようというものでした。ポロシャツなら風通しもいいし、アイロンもかける必要がありません。オフィスでも家庭にとってもエコだという提案でした。デザイナーのキクチタケオさんと対談し、私の提案を形にして製品を作っていただきました。パンツとシャツのコーディネートもしていただき、夏の男性の新しいワーキングスタイルだと評価されました。それから2年くらいしてスーパークールビズというスタイルが流行ってきました。その前からポロシャツで働いていましたが、それからは堂々とポロシャツを推奨できるようになりました。今は、働き方改革の流れの中で、冬でもネクタイを外してリラックスして働くことを勧めています。もちろん、強制ではありません。自分の考えのままにいればいいのです。自分のスタイルは自分で決めればいいのです。私は、自分の考えを主張し、他の人とは違うことをやったり、当たり前だと言われていることに逆らって、最終的には変えていきました。他の人と同じ考えだと、「今まで通り」は変えられないのだと思います。みんながやっているからと疑うことなくやっていると、何も変わらないのです。今ある当たり前だと思われていることも、よくよく考えてみるとおかしいことがありませんか？　それは変えられないものではありません。代案を示し、納得してもらうように説明し、実際に見せることで変えていけるのではないでしょうか。

話を戻します。母と育った環境が私の考え方をつくったと書きました。その環境とは？　それほど大げさなことではありません。父は島根県の中学校の教員でしたが、私が幼稚園の頃からは松江市の聾学校に勤めていました。転勤をして最後に勤めていたのは浜田市の聾学校でした。当時はまだ浜田市に合併される前で、那賀郡国府町唐鐘《とうがね》という漁村の高台にできたばかりの学校でした。できたばかりの学校の、できたばかりの教員住宅に引っ越しました。もうおわかりになったと思いますが、唐鐘の人にとっては私たちはよそ者です。学校に行っても、明らかに言葉も遊びも生活も違います。いくら同じようにやろうと思っても、近づけないことはあります。また、「先生の子ども」というだけで、学校での対応も違います。いつも、人とは違うという視線を感じながら、でも一緒に生活をすることが日常となりました。決して仲間外れにされたり、いじめられたりしたわけではありません。友達と楽しく過ごした小学校・中学校時代は、いい思い出になっています。しかし、みんなと同じようにはできない、見てもらえないということを払拭することはできませんでした。唐鐘には高校を卒業するまで住んでいましたが、打ち解けたとは言えませんでした。あまり具体的には書けませんが、違うということを植え付けられたような気がします。

でも、それは悪いことではなく、お互いに違うことを認め合い、ともに時間を共有することができることを学びました。子どもなりに、こういう人間の関係性を学べたことは、その後の私の考え方に大きな影響を与えたのだと思います。

2　教師のみなさんに伝えたいこと

――読者には、これからの教育界を支える若い世代の方も多くいると思われます。最後に、若者たちへのメッセージをお願いします。

異端が教育を変える!!

現状を変えていこうとする人は常に異端であり、少数派だと思います。

「異端」は時に厳しい状況に置かれますが、その存在によって考え方や方法は変革していくということも真実です。何かを変えていく、変革していくことは必要ではありますが、変えようとする人たちは常に異端で少数派です。なぜならば、現状の考え方や方法が当然主流になっているからです。ですから、それではいけないと言って変えようとする人は常に異端なのです。でも、その異端が教育を変えるということは、昔から変わらないと思います。

ただ、そのような異端みたいなものを社会の状況が必要とする時代があって、常に少数派であるものの、主流になり得る時代もあります。日本の歴史で言えば明治維新みたいな、時代です。また、そういう時代が、普段は生み出せないような人を生み出しているのだと思います。

今は大変な時代だと思います。必要と思うことにも、見直しをかけていかなければいけません。「よさそうだからやってみましょう」という自由度やゆとりも少ない現状があります。

だからといって諦めてはいけません。外部にさまざまな関わりをつくり、大事だと思うこと、変えたいと思うことを口に出し、いろいろな人から考えを聞くことです。最初は関係ないと思っている人たちも、中身の話をしているうちに「そういうのは必要だよね」とすごく素直に応援してくれるようになります。そういう「共感」は、一生懸命に粘り強くやっていると生まれていくんだと思います。

異端というと、常識の無い、時代に見放された存在のように感じるかもしれません。しかし、画一的な考え方や方法でグローバル化する社会に対応できるのでしょうか。世界の諸課題に向き合い、持続可能な未来社会が構築できるのでしょうか。これだけ、国際化が進み、多様性が求められる時代に、教育だけが旧態依然とした画一的な学校文化を守り続けることで被る罪は大きいと思います。文部科学省からの通知（施策）を待つのではなく、教育現場から変革の渦を起こしたいですね。

今こそ、異端となり、現状を変えていくことで、一時的にＥＳＤが主流となることができるのではないかと思います。そして、ESDが主流の流れの中に溶け込んでいけば、また、異端となってESDを批判的に論じて、弛まず変革を進めたいと思うのです。

アマノジャクと言われ、変わり者と言われて育った私の人生を振り返り、そう思います。皆さん、自分の人生を好きな色に変える生き方を考えてみましょう。私は、現在パープルっぽいです。結構好きな色です。

人と違うことを恐れない!!

「あなたは、人と違うことを恐れない人ですか？」

私たちは、人と同じことをするように教えられてきたような気がします。人と違うことをすると、間違えていると言われることもあったでしょう。

「みんなが持っているから、みんなが言っているから、みんながやっているから……」と言うと、「みんなって誰？」と咎められることがありますが、みんなと同じようにするのがいいと教えられてきたのですから、そう言うと認めてもらえると思うのは当然です。

大人は、人と同じことをすることによって得られる安心感、安定感というメリット、他力本願、責任逃れというデメリットを使い分けています。しかし、このメリットも時としてデメリットになることがあると思います。その時とは、革新と変容が求められる今です。今までと同じような考え方で、みんなと同じようにしていればいいと思っていたら、何も変わらない、それどころか上からの教育改革の波に飲み込まれて沈没しかねないのではないかと危惧しています。

子どもたちに話しているように「自分の頭で考え、自分の言葉で表現すること、行動すること、そして問題解決すること」というのは、子どもにも大人にも言えることです。マニュアルやフレームに頼ることなく、自分で考えることが大切です。考えたことが、人と違っていても、それを表現し行動を起こしてみることです。その行動が何かを変えるきっかけになるかもしれません。ずっと引きずっていた組織の課題が解決に向かうかもしれません。今よりもっと楽しくやりがいのある仕事に変わっていくかもしれません。

人と違うことを恐れず、異端と言われることにめげず、そして、そう言われている人を阻害せずに受け入れ、認めていくことが肝要です。どうも、教育を始めとして、人は画一を求める傾向があるようです。生物多様性と言われることは多いのですが、人の多様性を認めていくことが教育では優先されるのではないでしょうか。異端が教育を変える、異端が社会を変えるのです。先行き不透明な時代、安心・安定は決して安心・安定を持続可能にするわけではありません。その場その場で、どうすればよいか自分の頭で考え、人と同じであろうが、違っていようが、自分で判断し、自分で行動することができるようにしていくことが教育には求められていると思います。

そのためにどうすればいいか？――「まず、自分から。人と違うことを恐れない」。

column

ばらばらを受け入れる勇気、それぞれが気にし合う関係

いつも感じていた違和感

　教室の中で、みんな一緒、答えはひとつ。教師である自分はとても安心する。しかし、私の心の中にはいつも違和感があった。教師間のリフレクションで教えていただいた「ばらばらを受け入れる勇気」。この言葉で私の心は軽くなった。６年で平和学習を進める中で、また日々の学級の中で私が感じてきた違和感の答えのひとつがこの言葉にあるように感じたからだ。

　本校が進めるＥＳＤ、また地球が持続可能であるために、平和は絶対条件だと考える。平和のためには、他者を受け入れて共生していくことが欠かせない。

ばらばらだけど気になる

　平和学習では、地域の戦争体験者や核兵器廃絶を目指す学生、難民など世界の課題に触れる新聞記者、被災地や平和公園を訪問した本校の職員などあらゆる立場の大人に出会い、そしてその方々の思いに触れ課題を感じられるようにした。また感じたことを出会った大人や同学年の友達、異学年の友達と意見を交わすことを繰り返した。

　はじめは、「戦争はいけない」「戦争は怖い」「戦争はなぜ起こるのか」「けんかはよくない」といった漠然とした意見が多かった。しかし、意見を交わしていくうちに、「憎しみや悲しみの連鎖を断ち切るのはどうしたらいいのか。」「自分に何かを変えることができるのか。」「平

和のために戦争をしているということもあるのではないか。」という、解を導き出すことが難しい問いにぶつかるようになった。解を導きだそうとするほどに、子どもたちの意見はぶつかるようになってきた。

活動が進む中で、世界の学習困難な子どもたちに文房具を集めて送ろうとする活動を始めた女の子たちがいた。「一緒にやろう。」とクラスに提案した彼女たちに対して、「ぼくは、やりたくない。」「思いのない行動を起こしても意味がない。」と意見をぶつけ合う子どもたちを見ていると、他者を受け入れ、〝共生していく〟とは遠い空気のように感じ、不安に思った。みんな一緒ならいいのに。結局、その時は意見はまとまらないまま終わった。

しかし次の朝、活動場所を訪れると、クラスのほとんどの子どもたちが手伝っていた。驚くことに、昨日までさんざん協力を反対していた男の子たちまでも。彼らは、反対したものの気になっていたのだろう。他者を受け入れ、自分のできる形で、共生への行動に移したのだ。

それ以降、私も子どももそれぞれの行動の形があって良いと考えられるようになった。サッカーやお絵かき、ボール遊びなど各々が好きなこと、得意なことで他学年とかかわりを深め、友達に温かく関わる心地よさを感じてもらう平和交流活動へと広がりが出てきた。それぞれ活動が違っても、どの子も相手を気にかけ、自分にできる範囲の協力をしていた。

解のない問いを考え続ける大人や、「微力でも無力ではない」をスローガンに活動し続ける大人の姿、ともに活動する他学年の友達の姿もまた、行動への一歩に大きく影響していた。意見がぶつかり、それぞれのやりたい行動をしていることは、一見ばらばらに見えて、クラスの活動になっていないように感じる人もいるだろう。私も、ばらばらは不安だった。けれど、それぞれが気にし合っているのはとても心地よい感じがした。

平和を実現していくのは、考え方も経験も違う若者たち

3月の国語の授業、「ぼくは、私は今」というスピーチの中で、平和をテーマにした子どもたちがこんなことを話した。

「平和な世界のための答えはわからなかったけど、考え続けることの大切さを感じた。中学生になっても、大人になっても考え続けたい。」

「毎日流れているニュースを見ても何とも思わなかったけど、今は、遠い国の話でも気になるようになった。小さなことだったけど、文房具を集める行動に移せる自分になれた。」

「平和な世界には、けんかをなくせばいいと思っていたけど違った。けんかはしてもいい。意見がぶつかったとき、譲れるところは譲る心を持てるようになりたい。」

「憎しみの連鎖を断ち切るには、身近に相談できる人が必要。私は、友達に相談されるような人になりたい。」

私が思い描いた年度末の姿は、どの子も「みんなで行動に移せてよかった。」「考え続けたい。」とする姿であったが、子どもたちには、それぞれの行動があり、それぞれの考えがあった。どの子の考えも他者を受け入れ、共生していくために必要で、平和な世界を実現していく要素になると、私自身が気づかされた。教師も子どもも、ばらばらを受け入れる勇気を。他者を受け入れ共生し、平和を実現していくことを目指したい。

（２００９年着任）

元気で働き続けるために

私は身体を壊さずにここまで来ました。人間ドックでも特に悪いところはありません。健康でいられることに、親や家族に感謝しなければなりません。適当で、いい加減なところもいいのかもしれません。そして、今は休みの日は休みます。「当たり前じゃない、何を言っているの？」と言われそうですが、休みの日に働いている先生は多いです。地域の行事や会議で出なければいけない時や講演や講師で出かけなければならない時はありますが、それ以外の日は休みます。結構休める日はあります。

なぜ休みの日に私は休むのか。以前、職員旅行で、同僚と温泉に浸かりながら話したことが腑に落ちたのです。人は、どんなに良いことを言われても、「ああ、そうか。」と納得しない限りやらないし、やっても続けません。「どうせ」という言葉に、納得したのです。「どうせ、夏休みが終わったら毎日遅くまで働くでしょ。だったら、休みの日は思い切って休みましょうよ」そうだなあと本気で思いました。

これが一番よい方法だというわけではありません。平日は定時に帰って、土曜日の午前中に残った仕事をする人もいます。そういう人にとって平日の夜の出張は言語道断でしょう。人それぞれ、自分に合った働き方があります。持続可能な働き方には、休むという視点を絶対に欠かさないことです。人は疲労し、疲労が人のパフォーマンスを低下させます。蓄積した疲労を十分に回復させる休息、睡眠を大事にしましょう。寝食を忘れて働くのではなく、寝食を生活の中心に据え、体調万全で授業で十分に力を発揮してください。

未来をつくる教師のみなさんへ

世界中どこを探しても、常に成功している教師は誰もいません。偉そうに言っている人も失敗をし、間違いを犯します。教師としての成長のあり方は多様ですし、誰しも未熟です。ですから安心して弱さや失敗を隠さず開示し、共有しましょう。

グローバルスタンダード化の圧力で型にはまっていく学校が増えています。それは、全体として学校を窮屈にしています。子どもに主体的にと求めているのに、子どもに求めていることと職員室の在り方とがかけ離れています。やらされている限り幸せにはなれません。教師は人を育てる素晴らしい仕事です。教師はやりがいのある仕事のはずです。主体的に学び続ける教師は元気づけられるべき存在です。

教科の窓は、よりよく社会を見るためにあります。学校での学びと社会をつなげる窓なのです。この窓から社会を見るのですから、学校や教科の中に閉じこもっていては、よりよい社会は見えません。そして窓から見えるのは持続可能な未来であってほしいのです！

社会も教育も成熟するほど細分化され硬直します。全体でみるシステム思考が必要です。破壊する学問が必要です。これまでのやり方に囚われず、枠を外すことです。そして、新たな見方をしていくことです。「ＰＤＣＡ」ではなく、まずDo！　やってみて失敗したら、そこから学ぶことです。そのためには失敗が許される環境をつくることも欠かせません。挑戦することを応援する雰囲気も必要ですね。

子どもが参加したいと思える授業をつくります。その際、教師自身がやってみたい、おもしろそうと思っているでしょうか。そうじゃなかったら、やめていいです。

誰にも言われてないのに、自らを縛ったり、足かせを付けたりしていることがありませんか。教科書の使い方や指導案の書き方、研究紀要の作成等々。教科書を教えるのではなく、教科書で教えるとは昔から言われていることです。教科書は、軽重付けて扱っていいのです。すべてを同じように扱わなくていいのです。年間を見通して、力を入れるところと抜くところを決めましょう。場合によっては、家で読んできて学校で感想を交流するだけでもいいのです。

学校は、増やすことは得意ですが削ることは苦手です。本当に必要なことを見極め、必要ではないことは削っていきましょう。しょうもない慣習は止めていきましょう。学校や社会は変えられるというモチベーションを高めていきましょう。皆さんは、持続可能な未来をつくるのですから。未来の変化を起こす担い手を育てているのですから。やれる人からやっていきましょう。気がついた人からやればいいのです。「いいね！」を学校の中に増やしていきましょう。

第4章

持続可能という視点から考える働き方改革と学校システムの刷新

——改善点はこんなにあります

教職員が授業であるいは校務で最高のパフォーマンスを発揮するために大切にしなければならないことは、健康管理です。労働時間の管理はそのために必要になるのであって、優先されるのは教職員の健康です。元気で健康でなければ、やりたいこともやれない。病気になったり、怪我をしたりした時にはそれを感じますが、すぐに忘れて健康をないがしろにする働き方をしてしまいます。

あなたは、今、健康ですか？　元気ですか？　楽しくやってますか？

最高のパフォーマンスのために

今何より重要なのは、学校の働き方の見直しです。今こそ学校は、夢や希望を語れる元気で幸せな場所とならなければ、持続可能な未来を創ることはできません。

２０１７年に、学校の働き方に注目が集まり、学校における働き方改革の検討が進められました。中教審の学校における働き方改革特別部会からは、８月に緊急提言、年末には「新しい時代に向けた持続可能な学校指導・運営体制の構築のための学校における働き方改革に関する総合的な方策について（中間まとめ）」が出され、２０１８年は、それを受けつつ改革が加速し、各学校と各教育委員会で細部にわたり検討していくことになりました。

ここでは、細かい具体的なやり方のみに関心を示すのではなく、基本的なビジョンについて共有することが肝心です。そのビジョンとは何だろうか。そもそも何のための働き方改革なのでしょうか。

「不眠不休、寝食を忘れて働くのが美徳、長時間労働は当たり前」とする働き方から、「寝食を忘れず、自分で1日の生活をマネジメントする」働き方へと変革することです。それでこそ教職員が心身の健康および関係性の基盤を安定させ、仕事にやりがいを感じ、学校で最高のパフォーマンスを発揮し、質の高い教育ができるのです。学校における働き方があまりにも過大になっていて、すでに限界がきていることは多くの有識者が示しています。文科省、教育委員会、学校がともに軽減に向けた工夫を図るべきときです。もちろん、教職員定数の改善が最良の手立てでしょうが、中間まとめでは踏み込んだ言及はありません。今後の議論に期待したいところです。

寝食を忘れた教員が疲弊して一番迷惑を被るのは子どもたちです。考えればごく当然のことなのに、ないがしろにされがちな「働き方改革」のための視点です。教育とは、子どもたちの未来のために行われるのです。その教育を担う教職員が元気で幸せでなければよい教育はできません。

とらわれない・おそれない・あきらめない

しかし、「そうは言っても、何を見直すかがわからない」「目の前の仕事が終わらない」「日々新たな対応に追われる」「新しい働き方にチャレンジしたくても、現状の仕組みでは到底無理」「働き方改革なんかやったって持ち帰り仕事が増えるだけ」……こんな声が聞こえてきます。

「増やした分、何かを削る」、つまり、スクラップ&ビルドの発想がなく、前述してきましたように旧態依然としたやり方を変えようとしない前例踏襲が学校文化の特徴です。私たちは、慣れた仕事だと、ほぼ無意識に「いつも通り」のやり方とペースを繰り返します。「本当にこの仕事は必要だろうか」「もっと他にやり方はないのだろうか」と改めて自らに問い直して、仕事にも思い切った改善が必要です。1回経験してしまえば、今まで通りという慣習にとらわれず、「やってもいいんだ」「変えてもいいんだ」という意識に変わり、「変えることができた」という自己肯定感・自己有用感も高まります。

キーワードは「とらわれない・おそれない・あきらめない」。ちょっと隙間もできて、新たなものを受け入れることもできれば、学校はずいぶん楽になります。子どもたちの前にも元気で自信を持って立てるようになります。効率の悪い、ダラダラ残業を繰り返す悪循環から抜け出せます。

働き方について話し合おう

さて、私たちは働き方改革をどのようにとらえ、準備するとよいのでしょうか。

「学校の仕事のやり方改善（働き方変革）＝内からの風」と「文科省や教育委員会の働き方改革＝外からの風」を並行して行うことによって、この改革は成功すると思います。学校において準備しておくことには、以下のものがあります。

▽望ましい1日のデザインの考え方やアイデアの共有（仕事・休息・自分の時間のバランス）、▽経験の少ない人でも業務改善の考え方や方法を活用するための研修（授業改善含む）、▽教育の質を高めるための外部との連携と教育

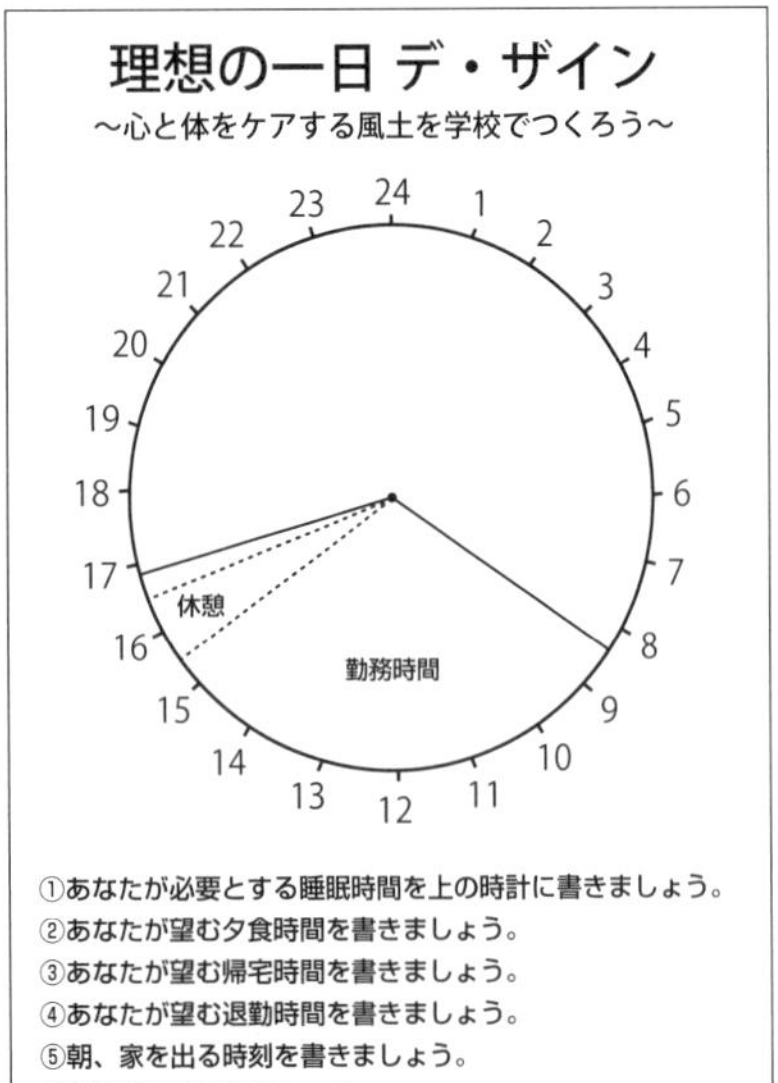
⑥朝食時間を書きましょう。
⑦授業であなたのパフォーマンスを最大限に発揮することが望ましいですよね。理想の一日を実現するために、どうしたらいいでしょう？あなたのアイデアを聞かせてください。

活動の統合（地域行事と教育課程の統合）。

何よりも教職員が働き方について話し合う時間を作ることです。1日5分でもよいのです。同時に、施策の意味や目的を学校現場が理解し自発的に実行するよう、教職員の意識変革を進めたいところです。ここでは校長のサーバントリーダーシップを発揮した学校マネジメントが欠かせません。丁寧に情報提供しながら、トップダウンではなくボトムアップでアイデアを募りながら合意形成を図ります。これにより、その場限りだった仕事のやり方から、新たなシステムによる働き方体系にシフトします。

これまでは、働き方改革に取り組んでいる学校は、少し進んでいる学校だったかもしれません。しかし今は、働き方改革に取り組むことは当たり前で、他校にはない自校の強みを分析し、その強みをより生かせる働き方の実現に向けて、どのような変化を起こしたかが注目されるでしょう。2020年のオリンピック・パラリンピックに向けて、多様性という言葉にも注目が集まります。多様な働き方を認め合うために、どのような「チーム学校」をつくり、変化を起こしていくのかについて、話し合う場や時間をしっかり確保してほしいです。学年内で働き方に関する対話の時間、時間外勤務を減らすためのアイデアを出し合う時間、外部からの参加もできる働き方オープンワークショップ、1日のワークライフマネジメントをするワークショップなど、短時間でも取組みの第一歩となります。

最近、教員や管理職への志願者が減ってきていると聞きます。本来、学校は魅力ある場所であり、教職員はやりがいのある楽しい仕事であるという認識を広げていかなければなりません。なぜならば、持続可能な社会の実現は教育に委ねられているからです。

子どもと教職員の笑顔と元気を作る

「持続可能な○○」という言葉をよく聞くようになりました。世の中に持続不可能だと思われることが多くなってきたからだと思います。

環境面でも経済面でも社会面でも、これから先、みんなが安心して幸せに暮らしていけるのだろうかという不安を感じます。変化の激しい時代、社会や世界の変化に対応していくことが求められているなか、学校にはどんなあり方が求められているのでしょう。予測困難といわれる時代ですが、いかなる変化にも柔軟に対応し、持続可能な未来を創造していく学校とならなければなりません。学校の多忙問題も話題になって久しいのですが、依然として多忙解消は進んでいるとはいえません。

次期学習指導要領の実施に向けて動き出す時期になりましたが、学校のカリキュラムは満杯で限界が来ています。教職員は何とかやってしまうのではないかと言われてはいますが、実際にはどのような声が上がっているのでしょうか。「どうやって時数の確保をする?」「授業改善のための研究の時間って、そもそも勤務時間外しかできないんだよね」「教材研究をする内容が増えるけど、授業の準備時間が取れない」「研修に行きたくても時間がない」「毎日疲れ果てていて子供の話を聞く元気がない」「早く帰って寝たい」……。

はたして、学校の持続可能性は保証されていくのでしょうか。学校教育を担ってきた教職員は持続可能な働き方をしていると言えるでしょうか。

教職員が心身の健康および関係性の基盤を安定させ、仕事にやりがいを感じ、学校で最高のパフォーマンスを発揮し、質の高い教育をするために、今やらなければならないことは何でしょう。

働き方改革の大きなうねりが起こり、学校の周りにも風が吹き始めました。新しい教育への転換が進められる今こそ、学校現場の立場から「持続可能な学校」の姿を再構築するための学校システムの刷新について考えていきたいと思います。「持続可能な社会の創り手を育む」という視点からも、学校全体が元気で笑顔があふれ、その職場で働くことに幸せや喜びを感じられる改革を進めていく必要があるのです。教職員の笑顔が、子どもたちの笑顔をつくり、教職員の元気が、持続可能で元気な学校をつくるのですから。

まず、教職員で話し合おう

それでは、具体的に話を進めていきます。

「『働き方改革なんて言葉にだまされるなよ。大変になるだけで、楽になんかなるはずないんだから』って職員には言ってます」。

ある校長会議での中学校長の言葉です。その理由を聞くと、「人が増えるわけでもないのに、やることが減らないんだから。定数を変えないで、働き方改革なんて現場を知らないやつが言ってるだけだろう。いろいろな施策が出たって、やらないよ」と言います。

こういう声は、この方だけでなく、結構多くの人から聞きます。

「早く帰れって言っても帰らないんだよね。やることが減ったわけではないからね」「校長から業務改善の提案をしても、乗ってこない。特にベテランの先生たちは要領いいから困ってないんだよね。若手の先生たちは困ってるんだけど……」。こんな話もよく聞きます。皆さんはどう感じますか。どうお考えになりますか。

確かに、定数の問題は大きいです。給特法もそうですが、定数法もいつの時代のこと言ってるのか、時代錯誤もはなはだしいと憤りを感じます。これだけ社会が変わって、多様な時代になっているのですから、仕事の内容も対応する案件も変わってきていますし、目の前のことで精一杯なほどに詰め込まれています。では、定数法や給特法が改善されなければ、働き方は変えられないのでしょうか。この校長先生が言うように、やることは減らせないのでしょうか。校長が提案しても乗ってこないからといって、あきらめていいのでしょうか。

そもそも働き方改革の主人公は誰ですか。働いている人たちが主人公であるならば、自らの働き方を考え、より持続可能な働き方に変えていくべきです。だって、自分の生き方ですし、自分の人生です。自分で考えていいのではないでしょうか。学校では、まだまだやれることがありますし、やり方もあります。「何をやるか、どのようにやるか」です。誰もやれと言っていなくても、学校ではずっと続けていることもあります。まず、お勧めしたいのは、自分たちの働き方について意見を出し合う場を作ることです。

何をやるか、校長や教務が決めて提案しているうちは上手くいきません。どのようにやるか、短時間でもいいので教職員で働き方について話し合う時間を作ることです。

先生の幸せの視点で見直して

「働き方改革って何をすればいいの」と言う方がいますが、学校ではこれまでにも考えてきたと思います。働き方改革という言い方はしていませんでしたが、学校評価や学校経営計画の反省をして、学校改善につなげていく取組みは、どこの学校でもやってきたでしょう。働き方改革という言葉が出てくる以前は、「負担軽減」や「業務改善」というテーマで考えてきたことです。

教育的な価値があるかどうかという基準で改善するので、「子どものため、頑張ってやりましょう」という意見が重視され、教員が楽になるような意見は軽視されがちでした。そもそも学校で教育的価値のないことはやってこなかったはずです。しかし、本当は教員たちの負担が減って楽になれば、教員が元気になり教育活動が活性化するのです。その発想で取り組むことが必要なのです。

２０１７年度まで務めていた私の学校（以後、この学校）が働き方改革で取り上げられる機会が増えましたが、それほど意識して取り組んできたわけではありません。これまでの教育活動を、「先生が幸せになる」という視点で見直して改善してきたのです。反対意見もありましたが、それが結果的に子どものためになるのです。子どもは、疲れ果てて元気のない先生ではなく、元気で楽しそうに授業してくれる先生を求めているのです。

子どもを幸せにしたいなら、まず大人が幸せにならなければなりません。当たり前のことです。私たちが大切にしてきたのは、これまでの悪しき慣習に囚われず、勇気を持って変えていくことです。学校には前例踏襲で旧態依然とした体制を守る文化があります。第2章でも述べましたが、「とらわれない・おそれない・あきらめない」をキーワードに、覚悟を持って働き方改革に取り組んできました。よく聞く言葉に、「変えようとしても、どうせ変わらない」「変えようと言ったら、反対されるだけ」「人と違うことを言ったら、変なやつだと思われる」などがあります。そして、「言いたいことが言える職場にしたい」とも。

どんな職場にしたいのか、学校経営そのものが働き方改革に直結しています。年度末から年度始めにかけて、学校経営の方針を話し合う時間があります。この機会に、教職員で働き方について話し合ってみるとよいでしょう。前任校では、中学校ブロック3校合同の働き方研修会を開催し、アイデアを出し合う交流も図りました。校長や教務がアイデアを出したり、提案したりしているようですが、実際に働いている教員たちが自らの働き方を振り返って、改善したいことを出し合う方が効果的ではないでしょうか。

働き方改革の視点で授業研究会

授業研究会を一回やめて、働き方について話し合ってみよう。どんなことが出てくるでしょう。業務改善の視点で、授業研究会について話し合ってみましょう。貴校の授業研究会は形骸化していませんか。全員が活発に話し合う研究会になっているでしょうか。

「質問はありませんか、意見はありませんかと言ってもみんな黙っている」「いつも発言する人が決まっている」「誰が口火を切るかけん制し合ったり、最後に発言する人が暗黙の了解で決まっていて、その人が意見を言うと、もう誰も言えなくなる」……。

教室では「子どもに自分で考えて自分が思ったことを言うように」と指導しながら、自分たちはできていないという状況が起きています。そんな研究会のために膨大な時間をかけ、何度も指導案を書き、疲れ果ててしまう。本当に子どものためになっているのでしょうか。教員が疲れ果てて、迷惑を被るのは子どもです。子どもはいつも社会で起こっているいろいろなことを教えてくれる先生を求めています。ですから、先生にとっても、子どもにとっても、どんな研究会がいいのか考えてみることは大切です。今まで通りでいいのか考えてみましょう。

授業研究会に向けて、「指導案はできた」が会話の中心になっている場面をよく見ます。どうして指導案作成が目的化してしまうのでしょう。検討を重ねれば重ねるほど、授業者のやりたいことから離れていくケースが多いのです。指導案には、授業の価値、ねらい、進め方がA4の用紙1枚（授業デザイン）に書いてあればいい。授業者の問いに沿った視点をもって授業を見てもらい、事後に話し合えばいいのです。検討も1回で十分だし、指導案を何度も書く時間があったら、子どもとしっかり向き合うことに時間をかけたほうがいいでしょう。

研究会もワークショップで、経験の長短にかかわらず、全員でワイワイ話し合いたいものです。授業改善のための研究会ですが、授業の質を向上させるためにはカリキュラム・マネジメントが機能しないと成果が上がりません。授業改善とカリキュラム・マネジメントを一体化させた学校経営が求められています。学級や学年を中心に積み重ねられてきた学校文化を超えて、カリキュラム・マネジメントを軸に、新たな学校文化を創り出すことが、これからの働き方にも大きく影響します。若手教員や教員志望者のためにも、明日からの元気ややる気が起こるような授業研究会にしていきましょう。

改善点はこんなにあります

年度末反省で話し合うと、改善点とともに「次年度はあれもしよう、これもしよう」とたくさん出てきます。子どものためといえば聞こえはいいのですが、それだと増える一方になります。「その分何かを削る」という発想が必要です。スクラップ&ビルドの発想がないのが学校文化だと言われています。一度（改善を）経験してしまえば、「変えてもいい」という意識改革が起こります。これまで、学校文化として受け入れてきた事柄も、変えられないことはありません。この壁を破ることが大変大きいのです。

この学校では、働き方改革プロジェクトチームが教職員にアンケートを取り、出てきた提案に従って、6月にはⅠ期の取り組みとして、次のリストを作成しました。

▽A（すぐに全員で実施）＝「学年経営案、学級経営案のリニューアル」「指導案をリニューアル」「会議を45分以内にする」「声をかけ合うコミュニケーションの意識化」「いらないものを捨てる」

▽B（すぐに実施。希望者のみ）＝「週案を単元名のみで作成（20分以内で作成。安全面などへの配慮事項は忘れない）」「交換授業を積極的に行う」

▽C（検討してⅡ期以降に実施）＝「通知表の簡素化（夏に検討、後期で実施）」「方面別下校廃止」「2週間程度、研究会、会議をやめる。本当に必要なものを洗い出す」「1か月に1回、何も会議を入れない日を作る」「定時退庁日の設定」「子どもをボーッと眺める時間を大切にする」「教科担任制（家庭科、理科）の導入」「学校便り、学年便り、保健便りの一本化」「打ち合わせはせず、『みんなの掲示板』で情報交換」「提出物、宿題はQRコードで読み取り」「休日出勤、出張、地域

行事参加体制の見直し」「指導案のイメージを『完成』ではなく、『プロセス』重視にして、A4用紙1枚に」「教育実習は、チームで担当」

リストアップしたことは実行に移します。不都合が起きることを心配するかもしれませんが、やりながら修正すればいいのです。管理職と教務の了解を得たらどんどん進めていけるスピード感が求められます。会議にかけていると時間もかかるし、実施が次年度になったりします。改善したほうがよさそうなことは、こんなにあります。いや、まだまだあります。

考え、話し合い、実行に移してみてください。隙間を作らないと新しい改善を入れることはできません。

職員会議は45分

いかにして「45分会議」を実現するのか。

「学年主任が集まって企画会（運営委員会）を延々と行い、職員会議では同じ問題を全員で議論して、すごく時間がかかってしまう」という話を聞きます。企画会で学年主任が話し合った内容を、すぐに自分の学年にしっかり伝えることで改善できます。変更は赤字修正し、必要な書類（資料）は印刷せずにサーバー上で管理し、職員会議までに各自がきちんと見ておきます。会議のときは、パソコン上でサーバーのPDFを見ながら変更点だけ伝え、質問に答えて終わりです。職員会議は、議論して何かを決めるのではなく、主に各学年の様子や知っておいてほしい子どものことについて、みんなで共有する時間にします。

企画会では、タイマーを置き45分にセットします。それだけでも、ずいぶん短くなります。小学校の教師は、45分という時間の生かし方をいやというほどわかっているはずです。全員がそろわなくても、時間になれば始めるし、子どもの話が熱を帯びれば、45分を過ぎても続くことはあります。本当に話したいことならそれは負担にはならないし、もちろん、途中で退出しても構いません。言ってみれば「45分会議」はこれだけで実現します。

「こうすれば45分会議は実現する」という方法を紹介しても、学校の事情はそれぞれ違うので、「そうは言っても難しい」と思われるかもしれません。「会議を45分で済ませるにはどう工夫すればよいか」と発想してみることが大切です。そもそも「会議はこうあるべき」という固定観念を壊してみれば、学校は変えられます。「45分会議」について、勤務校でアンケートを取りましたが、年度途中の報告では肯定的な回答(よかった+どちらかといえばよかった)が21人中17人。年度末(3月)の報告では肯定的回答が22人中21人になりました。前回紹介した自分たちの提案がスピーディーに実行に移され、教職員は乗り気になったのです。「学校便りと学年便りの一本化は、来年度からかなと思っていたのですが、実施してしまいました。年度途中でいきなり一本化されたので、保護者からのクレームを心配しましたが、逆に喜ばれました」と報告がありました。

年度途中でも変えられることに気づけたことは、学校にとって大きな収穫でした。会議フリーデー（何も入れない日）は、自分の仕事に集中できるし、ボーッと外を眺めていてもいいのです。こういう日があるとホッとしますよ。

外部の知恵を借りて働き方改革

これまで学校でやってきたことと同じ考え方の下では、変化を期待するのは難しいです。変えなければいけないのは、これまでの働き方に対する考え方です。学校の中に解決の糸口を見つけようとしても、行き詰まって苦しくなります。外部の知恵を活用することも大切です。企業では先進的な働き方を考えて実践し、成果を上げているところもあります。

ある時、㈱イトーキのアドバイスを受けて、紙ベースのフォルダーを共有化しました。全員に配るのをやめ、1枚だけファイルに入れてロッカーに整理しました。それにより、配布物をなくして探し回るという無駄な作業から解放されます。

外部の知恵を借りるのは、直接的な働き方改革だけではありません。イトーキはオープンネットワークモデルで学際的コラボレーションを実現しています。社内だけでなく、他社と共同ワークをしながら製品づくりをしています。新しい働き方やオフィスの在り方は、学校現場でも活用できます。例えば、他校とのコラボレーションや異業種の方々との共同プロジェクトやワークショップなどが考えられます。

この学校では公開授業研究に広く参加者を受け入れたことで、学校関係者だけでなく企業やNPO、大学の先生や学生なども毎回参加し、協議で意見交換する機会が多くなりました。違うジャンルの方たちの視点を得て教育をとらえ直す機会があることはとても貴重です。前例や学校文化にとらわれず、変えた方がいいことは変えてもいいんだという発想が根付いたのには、そんな影響もあると思います。円形ホワイトボード「円たくん」も、これまでの枠組みや考えでは生まれなかったでしょう。そういうことが、先生方の自信になっていったのだと思います。

働き方改革に取り組んで1年、年度末のアンケートで「多忙感は軽減されたと思いますか？」と聞きました（回答21人）。結果は、「軽減した」4人、「どちらかといえば軽減した」13人、「どちらともいえない」2人、「どちらかといえば、変わらない」1人、「変わらない」1人――でした。取り組みの成果と言ってもいいのではないでしょうか。自分の時間ができるだけでなく、精神的なゆとりや自信といった波及効果も生みました。この学校で行ったように、まずは業務をA・B・Cに分類してみてはいかがでしょうか。とにかく何かに着手してみましょう。

全員に同じ働き方を求めない

「働き方改革」という言葉が対象とする範囲は非常に広く、長時間労働の規制、時短勤務、フレックスタイム、リモートワークなど多岐にわたります。働き方を変えていこうとする動きの中で、こういう言葉をよく目にするようになりました。

これまで全員が同じような働き方をしてきました。時短勤務が導入されて戸惑いながら対応している現状から、多様な働き方が浸透した未来を考えると、今まで私たちが前提としてきた考え方も再検討が必要になります。全員が同じ量の仕事をすることが暗黙のうちに前提とされていました。全員が10の仕事をする中で、5の仕事しかしていない者がいると、同調圧力で「他もしっかりやっているのだから、マジメにやれ」と叱られました。

時短勤務のように、元々の働き方が違う人と一緒に働くケースを考えると、このような「全員が同じ量だけ仕事する」ことはもはや前提にはなりません。それぞれの事情に応じて仕事量を調節しつつ、学校経営が機能するような仕組みを再考しなければなりません。よくある間違いは、形式だけ「多様な働き方」を認めておきながら、教職員の考え方は昔と全く変わっていないというものです。時短勤務が認められていても、教職員各自が「仕事はみんな同じようにして当然だ」と思っていると、組織はうまく回りません。時短勤務の当人は後ろめたい気持ちになるし、他の教職員も「あの人だけずるい」「時短は迷惑」と不健全な考えを持ちます。結果的に学校の雰囲気は最悪なものになるでしょう。

結局は今まで通りの画一的な働き方を強いられることになります。「多様な働き方」を推進するためには、教職員の考え方も変えていかなければなりません。目指すべきは、学校内に「多様な働き方」を許容する文化を作ることです。今はフルタイムで働いていても、そう遠くない将来、自分も時短勤務を選択するかもしれない。そう想像できるようになれば、今は事情があって仕事量を減らしている人がいたとしても「ずるい」とは思わなくなります。「全員で同じ目標を追っているが、それぞれの事情で仕事への関わり方には差がある」のは決して不自然な状態ではないのです。

「これからは個人の時代だ」という意見を耳にします。個人の時代にも、上手に機能する学校を作り上げることができれば、今まで以上に成果も上がります。それが個人の活躍にもつながります。時代が変われば、働き方も変わります。昔のやり方に固執するのではなく、「新しい働き方」に合った「新しい学校」を作っていきましょう。

自分の1日をデザインしよう

「日本人は働きすぎ？　違う違う。休まなさすぎ」

ある飲料メーカーのＣＭポスターに書かれていた言葉です。働き方改革は、もちろん働き方を変えようとしているのですが、生活という視点に立って考えてみることも肝要です。働いている自分も、休んでいる自分も、同じ一人の人間です。働き方だけを考えていてよいのでしょうか。そもそも私が働き方について着目したのは、睡眠の問題が理由の一つにあります。

電車に乗るとスマホを見ている人と、寝ている人が大半です。研究会や会議中も眠そうな人がいます。講演や研修をやっていても寝ている人がいます。「早く帰って寝た方がいいのになあ」と思うこともあります。仕事と生活は切り離すことができません。寝不足であれば思考力やパフォーマンスは下がりますし、ミスも増えます。結果的にますます仕事が増えます。

時間は有限であり、私たちは生きるために働いています。決まった時間の中で、よりよく生き、幸せに暮らしたいと誰もが思っています。1日の生活が、健康で充実したものになればこそ、仕事にも身が入るのではないでしょうか。働く時間、休む時間、自分の時間を、自分でデザインし、自分の1日を丸ごと変えていくようなアプローチを考えていきましょう。大切なのは、「(子どもたちのために)寝食を忘れて働く」ことは美徳ではなく、(寝食を忘れた)教師が疲弊して一番迷惑を被るのは子どもたちだという考え方にもとづく取組みにすることです。

例えば、教職員のための日課表(ワークシート)を使って、「自分はこういう生活がしたい」という、自分が望む1日の日課を書き込んでいきます。優先順位の一番は「あなたが必要とする睡眠時間」。次いで「あなたが望む夕食時間」。「寝食を忘れて働かない」のだから、この2項目の優先順位は2トップです。以下、睡眠、食事の時間を勘案して、③あなたが望む帰宅時刻、④あなたが望む退勤時刻、⑤朝、家を出る時刻、⑥ 朝食時間――を書きます。

寝食を大切にして働くことで、教師としてのパフォーマンスを上げることができます。人それぞれに異なる事情(必要睡眠時間、育児や介護、通勤に要する時間など)が反映された日課を共有し、その願いを実現するための「勤務時間内の工夫」を考えてみましょう。思えばごく当然のことなのに、ついないがしろにされがちな「働き方変革」の視点です。「そうはいっても……」と言い訳をしていたのでは、何も解決しません。

決定打は「決めること」

あるベテランの教師がいつも定時に帰るので、どうすれば時間外勤務はなくなるのか聞いてみました。答えは「決めることだよ」でした。退勤時間を決め、周りの人に知らせておくことだと言うのです。そして、時間外にやったり、仕事を持ち帰ったりしないように授業を改善する、と言うのです。「教育課程外のことには手を出さない。だいたい学校は余計なことをしすぎている」とも言われました。反論もあるでしょうが、考えてみる価値のある視点です。

仕事に対する価値観は「ワーク・ライフ・バランス」から「ワーク・アズ・ライフ（仕事と生活の融合）」にシフトしつつあります。「仕事さえ充実していれば幸せ」という価値観は過去のものだと言えます。一方、長時間勤務が常態化して、プライベートの時間や自己研鑽を積む時間が犠牲になっている人は未だに多いようです。その大きな要因は、仕事量以上に本人の時間意識にあると思います。「どうせ勤務時間内には終わらない」「この時間ならもう一つやっておこう」「もっとやっておきたい」という意識がある人、つまり、時間が無限にあると錯覚している人は、仕事を早く終わらせることは難しいのです。時間は有限であり、その気になれば学校の仕事は無限にあります。学級担任の経験がある人はわかると思いますが、子どものためになると思ってやり始めると永遠に仕事は終わりません。どこかで区切りをつけているのですが、その学校が持つ文化によってその判断も変わってきます。長時間勤務続きの毎日から本当に抜け出したいのなら、毎日の出勤時間と退勤時間を決めてしまうといいでしょう。夕方以降に予定を入れるなり、その時間を宣言するなりして、その時間に必ず帰る意思を見せることです。

とは言っても、「仕事をしている先輩がいたら帰りにくいし、自分がいないと他の人にも迷惑がかかるかもしれない」という声が聞こえてきます。先輩より早く帰ることに罪悪感を感じるために望まない時間を過ごすのは、燃え尽き症候群になる恐れがあります。退勤する自由を自分に与えましょう。学校内で信頼関係を築くことも欠かせません。「この人なら大丈夫」という信頼を獲得することができれば、周囲からの協力は得やすくなり、省略できる手続きも増えます。これにより短縮できる時間は計り知れません。仕事は一人ではできないのです。数多くの業務を柔軟に担い、相互に補い合うような同僚性を発揮するには、信頼関係を築くための働きかけと時間を確保する必要があります。それが、働き方改革における最も重要度の高い課題かもしれません。

〔本章は、『教育新聞』「新春特別号〈特集　学校の働き方改革２０１８(5)〉」（２０１７年12月31日）および『教育新聞』「特集　働き方改革と学校システムの刷新―接続可能という視点から考える〉」―連載(1)～(10)（２０１８年３月13日～５月１日）に加筆修正し収録〕

第5章 校長室から○○を込めて

——新たなる挑戦

新しい学校に異動して、広い校長室で一人、何を見て、何を考えて、何をしようとしているのか？　どの学校にも強みと弱みがあります。長年にわたって引き継がれてきた特色や独特の学校文化があります。ほとんどのことが前例踏襲で引き継がれていきますが、時には立ち止まって見直す必要もあります。当たり前だと思っていることも、何のために？　と考えてみましょう。

1　新たなる挑戦　子どもも教職員も生き生きした学校

２０１８年４月、８年間校長を務めた学校を退職し、再任用校長として新しい学校に異動しました。創立１０８年の伝統校で、35年以上の長きにわたって総合学習に取り組んできた研究校でもあります。これまでの校長経験を活かし、さらにいい学校にするために頑張ろうと心に決めて着任しました。

初日のあいさつで私の校長としての考え方を伝えました。

「ここで皆さんに出会えたことは奇跡です。横浜には小中学校が５００校以上あります。その中のこの学校に集った仲間です。出会いに感謝し、お互いを認め合い、今まで以上のいい学校を創っていきましょう。

さて、学校教育目標にある「生き生き」って子どもだけではないですよね。教職員の皆さんも生き生きしてほしいと思います。教職員の皆さんが生き生きしていないと、子どもは生き生きできません。教室で先生の元気がなかったり暗い顔をしていたら、子どもたちは心配で生き生き活動できませんよね。「生き生き」を子どもに求めるのなら、まず、私たち大人が生き生きしてなきゃいけません。そのためには、「自分の仕事に自信を誇りをもつ」「日常的に授業の話をする」「お互いの力量を高め合う」「自然を楽しむ」。そして、「子どもの姿に学ぶ」ことです。

また、新しい教育に対応できるようにしなければなりません。それは、子どもも教職員も学び合う協働文化を学校文化にすることです。これまでの教職員集団は、共同文化すなわち同質同調性が原則、個々の主張よりも組織メンバー全員の協調や同調を重視してきました。共同ありきで画一性へと拘束し、個性や自律性が低いのです。これから協働文化にするために、同僚性（関係性）の構築をし、不安や恐れ、強いストレスによって孤立化することは防がなければなりません。

私は、校長としてサーバントリーダーシップを発揮してきました。トップダウンで何でも決めるのではなく、皆さんの声に耳を傾け、意見を丁寧に聞きながら、一緒に考えて決めていくスタイルです。また、学級担任や校務分掌をお願いしていますが、判断し決定するところまでお任せします。いちいち校長の決済を待っていると行動に移すのが遅くなります。また、問題が起こった時も学年や各部で対応して行動を起こした方が早く解決します。一日待つことで、ことが大きくなってしまうこともあります。ですから、それぞれの担当で自信を持って判断し、決定してください。もちろん、最後は私が責任をとります。

私が前にいてどんどん引っ張るようでは、皆さんが成長するチャンスを奪ってしまいます。例えば、自転車に乗る練習をするとき、補助する人が前からハンドルを引っ張りませんよね。最初は後ろからしっかり支えながら、徐々に力を抜いて離していきますよね。そして、自分だけで自転車に乗れるようになるのです。皆さんの成長も同じです。皆さんが走っていくのを後ろから支えながら、徐々に手放していきます。私は皆さんとそういう関わり方をしていきます。恐れず、どんどん挑戦してください。みんなでいい学校を創っていきましょう。」

そして、まず初めに職員室にあった校長の机を撤去しました。今まで当たり前だったことも、見直して変えていいということを示したのです。というより、教職員が増えて移動するのも大変な職員室にそんなに使うこともない校長の大きな机が置いてあることに違和感を覚えました。職員室に入る時にも、校長室に入る時にも障壁となっていましたので、思い切って撤去してもらいました。これまでいた教職員はどう思ったでしょう。「えっ！　本当に？」でしょうね。対話を生み出しつながりを作るには、動線が確保されていることが大切です。職場で働く環境にも目を向けて欲しいという私のメッセージでもありました。

2　「校長室から○○を込めて」

© TAKA

校長の経営方針の説明はセレモニーのように新年度の初日に行われますが、一度話して校長の考えが伝わるはずはありません。それよりも、校長としての在り方や学校経営の考え方を話し、その後、折に触れて具体的な姿を伝えていった方が、学校経営のビジョンが教職員全体に浸透していきます。私は、「校長室から○○を込めて」と題して、思いを伝えてきました。「○○」に何が入るかは、その時によって違いますが、願いが込められていることは確かです。人によっては「愛」じゃないかと言う人もいますが、それほど大きなものではありません。伝えたいと思うときに、思いつきで書いてお知らせしているものなので、その時その時の直感のようなものでもあります。ですから、私の中にしみこんでいる思いが表出しているのかもしれません。時には、ミニ講演会のようになりますが、着任して数か月は、できるだけ全教職員が集まる機会をとらえて時間をもらうようにしました。

すべてを掲載することはできませんが、学校で配布した「校長室から○○を込めて」をいくつか紹介します。

●「みんなでやろうとしないで」

「つながり」を大切にして教育活動を推進して行きます。という話をしましたが、その時に注意したいことは、「みんなでやろうとしないで」ということです。推進すると言っておきながらおかしなことを言うと思われるかもしれませんが、私はそう考えてやってきました。これからも同じです。

例えば、保護者に教育活動への参加・参画をしてもらう時、できない家庭、やらない家庭に目が向きがちになります。しかし、それでは不満ばかり言ってしまうことになります。せっかく、「子どもたちにとってよいこと」と思ってやろうとしていることが始められません。賛同してくれる家庭もあるのですから、できる家庭がどんどんやればいいのです。すると、子どもが変わっていきます。先生も変わっていきます。その変化が他の家庭にもわかるようになれば、活動は広まっていきます。

いい気づきをもって、やれそうな人がやり始めると、求心力が生まれてきます。意識の高い人が集まり、始めていったらいいのです。少しずつ活動の輪を広げていき、輪が大きくなってから全体を巻き込むことを考えます。

よく、「マニュアルがないとできない」「全員でやらないのなら、やらないほうがいい」「そんなことやってどうなるの、面倒なことはやめましょう」という人がいます。「つながり」の意識を持たなければ、これから孤立していくのではないでしょうか。

協働・参画というのは、たいへんであると同時に、大きな利点もあります。人と人とのつながりというのは、「知恵と力」を育みます。もちろん関わり合いも深まります。話しやすくもなります。子どもは確実に伸びます。誤解を恐れずに言うならば、お互いに労力を払った分の元は確実に取れるのです。

もちろん、最後まで、できない家庭はあります。協働・参画は強制してはいけません。しかし、私たち教職員は、職業としてやっていることです。この方針に沿って、推進していかなければなりません。それが、組織というものです。

「校長室から○○を込めて」は、一方通行から双方向になることを願っています。長文でも、メモでも、対話でも、週案にでもご意見・ご感想をいただければ有難いです。学校経営に関わることもありますので、必ずお読みください。よろしくお願いします。

●「これからの日本の教育～未来に生きる子どもたちのために」

「教師中心の教える教育から、児童中心の学ぶ学習へ」

「子どもの主体的な学びのため、先生は我慢して見守る」

これからの教育において「児童生徒が知識だけでなく、その知識を活用した主体的な学び方を習得する」ことが求められます。今の子どもたちが大人になる頃には、自分の人生を築いていくために、知識と技能の習得はもちろんのこと、それらを活用するための思考力・判断力・表現力を身につけなければならない時代になっていくでしょう。そのためにも学校で主体的な学び方を身につける必要があります。

「主体的に学ぶ」とは、自分で自分の目標を見つけて、その目標の達成に向けて自分で実践していくことです。自分の目標を見つけることは主体的に学ぶためには大切なのですが、子どもの多くは「早く目標を見つけなさい」と言われ続けることで、焦ったり悩んだりしているように思います。目標を見つけたい、と思い続けることは大事ですが、誰もがすぐに見つかるとは限りません。というよりも、すぐに見つけられなくて当たり前なのです。そんな時は、毎日の生活の中で学ぶ、本を読む、人と出会う、いろいろな経験を積むといった活動を一生懸命やっていれば、目標は自然と向こうからやってくるものだと思います。「ゆっくりやればいいのだよ」と言える大人になりたいものです。

児童・生徒・学生が主体的に学ぶためには、先生は我慢することです。つまり、子どもが何かに迷ったり悩んだりしている時に「こうしなさい」とすぐ答えを教えてしまうのではなく、ぐっと我慢して見守ることが大切だと思います。すると子どもは自分で考え抜いて、何とか答えを見つけようとするはずです。この体験が、自分で目標を見つけ、達成に向けて実践していく訓練になります。つまり、子どもたちは主体的に学ぶことによって、自らの課題や目標を発見し、それを解決するために、これまで身につけた知識や技能を活用する力を養うことになるわけです。こうした力こそが「確かな学力」となるのだと思います。

これからの時代、今の子どもたちが夢を描き、その夢を花開かせ、幸福な人生を送れるようにするにはどうしたらよいかを最優先で考えると、「主体的な学び方が身につくようにする」ことに行き着きます。

そのためにも、児童の自発的な学習意欲を引き出すことが重要になります。児童が五感を使ってさまざまな体験をすることを通して学ぶ喜びを体得すること。そのために児童が積極的に行動する参加型アプローチを実践し、自発的な行動を引き出す教師のファシリテーターとしての役割が重要になってきます。

●「冒険をしてみる勇気」

人生には、その時々の「通過儀礼」というものがあります。それをやっていないと、人間として成長をしないように思います。どうか思いきった冒険をしてください。失敗のない実践をしようとするからつまらないのです。思いきった実践をやってみて、手ごたえがあり、どうしてだろうかと考えたことを書くことです。うまくいかない、どうしたらよいのだろうか、と思い悩んだことを書き残しておくことです。

ワンパターンにならないようにするには、新しい体験をすることだそうです。毎日同じような授業をし、毎日同じような話をし、毎日同じように評価して子どもを帰すというようなことを続けていると、行動も考え方もワンパターンになってしまいます。とにかく、マンネリズムの悪い習慣の恐ろしさを知り、ワンパターンにならないように、よい習慣を身につけるようにしたいです。

自分なりのワンパターン克服法を創り出せるかどうかが、その人が成長できるかどうかの一つのカギです。

●「授業研究は子ども研究」

子どもに変容をもたらし、持続可能な社会の創り手として育てることが現在の教育の目的ですから、授業研究は、最終的には子ども研究でなければなりません。現在の小学校の授業研究は、子ども変容を問題にしないで、指導法・技術・ツールに偏っているのではないでしょうか。子ども研究は、教科や材を媒介にして、子ども一人一人がどのように変容するか、ということをとらえることに焦点があり、ねらいがあります。したがって、子ども一人一人の実態を確かにとらえるところから、授業研究が始まるのです。

子ども研究は、授業前に、これまでの経験から、一人一人の仮のイメージをつくり、授業を通して、これを検討していくのです。すなわち、一人一人の子どもの発展は、たいてい予測を越えることを考えておいてイメージをまとめ、子どもと材とのかかわり合いがより深くなるように指導していくのが授業であり、それが同時に子ども研究というわけです。

また、一人一人の子どもの考えを発展しつつあるもの、そして、把握しようとして把握しきれないものとしてとらえ、子どもたちの言動を幅広く追究し、それを結びつけて理解しようとしなければなりません。

●「授業力の正体」

「教育は人なり」といわれるように、学校教育の成否は、教員の資質能力に負うところが極めて大きいと言えます。教師の資質能力が最も顕著に発揮される場面は、やはり授業です。質の高い授業は学校教育への信頼を得るために不可欠です。

さて、授業力の正体とは……。

教師魂　子どもの教育には、トラブルや問題はつきものです。それを一つ一つ乗り越えていくことで教師としての成長もあります。思い通りにいかない時、子どもの欠点や力のなさを嘆き、保護者や地域を嘆き、自分の学校まで嘆き、そして自分ではなく子どもが悪いと開き直るようでは、教師としての成長どころか退化の一途をたどります。そして、子どもたちは教師から離れていきます。教師である限り、子どもの問題に関しては、自分自身への問いかけを続けていきましょう。

自己変容→他者変容→社会変容　「教師が変われば、子どもが変わる」。

授業での子どもの居場所　「わかった人」「できた人」と聞き、教師は子どもに正解や望む答えだけを発表させて授業を進めていく。よく見られる光景です。しかし、その問いは「わからない人」「できない人」の存在を否定し、無視していく。誤答は授業の邪魔にされ、教師に相手にされないので、自信のある人しか発表しない。ついには誰も手を上げなくなってしまう。そんな状況の中で、わからない子、できない子にはストレスがたまり、やがて他に発散場所を求め、教師はその問題行動の対応に追われることになります。そうなると、授業に子どもの居場所はなくなります。せめて、「もう一度説明してほしい人」「友達に聞いてみたい人」という問いかけを増やして授業を進めたいですね。

　また、子どもが答えを間違えた時やわからなかった時、どのように対応するかは居場所づくりに影響を与えます。「もう二度と発言しない」「授業に参加することもやめたい」と思わせるような対応は、子どもの居場所を奪います。追い打ちをかけていじめを引き起こすような対応をする教師もいます。どんなサポートをし、間違いを生かし次の成功につなげるか。誤答をうまく生かすためにも教材研究は欠かせないし、こんな時に教師の人間性が表れます。どの子も、「勉強ができるようになりたい」「授業に参加し、活躍したい」と願っていること、褒められたい、認めてもらいたいと思っていることを忘れてはいけません。

●「給食を制する者は、学級を制する」

給食時間は、昼食ではなく、給食指導の時間です。教師が、給食のリーダーシップをとれば、落ち着いた学級が誕生します。それほど、この給食指導は大切なのです。食は、生きることにつながります。だから、その方向を間違えると、とんでもない状態をもたらします。

給食指導を見れば、学級指導が見えます。

基本方針

「給食は、みんなが食べられるようにちゃんと計算して作ってあるのです。好きだからといってたくさん食べてもいけないし、嫌いだからといって全く食べないのもいけないのです。給食は、あくまで平等に。」

○給食指導は大切だが、本当は楽しい時間なのです。

「話をしてはいけない」という学校もありますが、他人に迷惑をかけない程度なら話をしてもよいでしょう。教師もグループの中に入って談笑すればいいのです。食べ物の話をしながら食べるとより効果的でしょう。子どもたちも楽しい時間になります。

○給食イベント係を作ったことがあります。

給食時間のすべてを任せました。音楽をかけたり、簡単なクイズをしたり、楽しい時間となりました。

また、違う年には、読み聞かせをしました。「ああ無常」を毎日毎日読み続けました。この「ああ無常」は、私にとっても思い出の作品です。私が、小学校5年生のとき、担任の先生が、毎日給食時間に読んでくれた本なのです。なんとなくいい時間だったと思います。

○おしゃべりに夢中になる子を防ぐ

中学年の子どもたちは、とにかくよくおしゃべりをします。ひどい時には20分間食べずに話をしている子もいるくらいです。机を班にして食べているクラスではよく起きることです。

しかし、これではいけません。

時間内に食べさせることも大切だからです。だから、あまりにもひどい場合には、「今から黙って食べます〜パクパクタイム〜」と指導することも必要になるでしょう。

○「おかわりシステム」をどうするかということに注意しておかなければなりません。

「早く食べ終わった子から自由におかわりをする」というルールにすれば、クラスはあっという間に弱肉強食の世界になってしまいます。

力のない子や、食べるのに時間のかかる子は、おかわりができないまま1年間を過ごすことになります。当然、学級崩壊の引き金にもなります。そうならないために、おかわりは教師が仕切るのです。さらに、「いただきます」の前に行う、給食の量の微調整も重要です。

さて、本校の給食残渣をどう改善するか？ 学級で話し合ってみましょう。

●「何のための働き方改革か？」

―「月曜日の朝、目が覚めたとき、職場へ行くのが待ち遠しいと感じますか？」資質向上の視点から―

世の中は多様性に満ちています。学校、学級は世の中の縮図だとも言われますから、学校も学級も多様性に満ちています。また、社会の変化はますますスピードアップし、数年先のことも予測困難になってきました。そういった多様で変化の激しい状況に対応すべく、教職員もさまざまな経験をして、資質能力を高めることが求められます。朝から夜遅くまで学校で仕事をし、その後、疲れ果てて寝てしまうような平日、身体を休めることが最優先の休日（もしかして、休日も仕事をしている？）という生活では、資質能力の向上は望めないでしょう。学校に閉じこもって、社会からどんどん乖離するような生活では、子どもたちが社会に出たときに困らないような教育を考えることは難しいのです。

現在、働き方改革が話題になっています。どうしても「長時間勤務の是正」「業務改善」のようなものがテーマの中心になっています。もっと「教員の資質の向上」という部分を取り上げるべきだと思います。

採用された時、教師として素晴らしい資質を持っていると感じた若者が、忙しさなどのなか、数年間で擦り切れていくような感じになっていく姿を見たことがあります。本当は先輩である私たちがしっかりとフォローをしていかねばならないのですが、中堅は若者同様、もしくはそれ以上に厳しい状況でした。学校全体に余裕が無く、本来非常に大切であろう「教員の資質向上」の部分に力を入れることができなくなっているという状況でした。私は教務主任として、「せめて20時には帰るようにしましょう。」と提案したところ猛反発を受けました。「そんなことできるわけないでしょ！　わかっているでしょ！」と。

ちょうど今、学習指導要領の改訂に向けて、学校教育活動のさまざまな部分に手を入れる時期です。学校の働き方改革がマスコミなどでも大きく取り上げられ、行政、議会などでも話題になっています。そして、社会も関心を持っています。学校が大きく変わるチャンスです。戦後、現在の学校教育システムができて以来の大きな変革のチャンスだと思います。この機会を逃すとまたずっとさまざまな問題を抱えたままの学校が続いていくことが予想されます。教職員が主体的に動き、自分たちが働く場である学校をより良いものにしていって欲しいと願います。

●「これからの働き方を考える～時間に管理されるのではなく、時間を管理する～」

教員の長時間労働改善に向けて、連日のように新聞やテレビで報道されていましたが、最近はアメフトやモリカケがクローズアップされ、回数も減ってきました。このままブームが去ってしまうと、ブラックから漆黒の学校現場に陥ってしまうことが懸念されます。

今のうちに、ブラックからカラフルに変えておきたいというのが私の願いです。

さて、学校職員の勤務時間・休憩時間は法律で決められています。簡単に言うと、「勤務時間の割振りは、月曜日から金曜日までの5日間において、1日について7時間45分を行うものとする。」

「休憩時間は、1日の正規の勤務時間が6時間を超える場合においては45分、8時間を超える場合においては1時間置くものとする。」

そして、修学旅行や遠足、学校外の教育活動、家庭訪問や学校外の自己研修、教員個人での活動、夏休み等の長期の学校休業期間等の「教員固有の勤務態様により勤務時間の管理が困難」という理由から時間外勤務手当を支給しないこととし、教員については原則として時間外勤務を命じないこととされています。

命じる場合は、①生徒の実習に関する業務、②学校行事に関する業務、③教職員会議に関する業務、④非常災害等のやむを得ない場合の業務の4項目に限定（いわゆる超勤4項目）されています。その代わりに、給料月額の4パーセントに相当する教職調整額が支給されているのです。さらに、やむを得ず時間外勤務をさせた場合などについては、「適切な配慮」について、校長は、積極的な活用に努めることとなっています。

近年は明らかに公務を勤務時間外に行うことが当たり前になってきました。つまり、明らかに公務である仕事を勤務時間内に終えることができず、時間外勤務を常態化させてしまっているのです。そして、休憩時間は設定されているものの公務に消されることが多いのが現状です。

では、どうするか。定数増や時間数減、給特法の改正を叫んだところで、実現は難しいわけです。財務省は、逆に教職員数を減らそうとしていますからね。私たちにできることを考えることが必要です。「やらなければならないこと」「やった方がいいこと」を選別し、「やった方がいいこと」は、極力やらないようにしていくことです。これまで、「やった方がいい」からと言ってどんどん増やしてきたわけですから、そこはやめてもいいわけです。そうしないと「やらなければならないこと」に十分時間が使えません。長時間勤務の原因はそんなところにもあります。そのあたりを、働き方研修（公開フォーラム）等で多くの方のアイデアを出し合いながら実現していきたいと思います。

●「私からはじめる「言語環境の整備」」

週案のコメントで、子どもたちの言葉遣いが気になると言われている先生がいました。何事もそうなんですが、子どもはいろいろなところで学んで成長します。そして、学校で学ぶ時間が一番長いのです。学校には、教職員と子どもたちがいるわけですから、お互いに影響し合っています。その中でも大人である教職員の影響は大きいのです。以前からお話ししているように「子どもは言うようにならず、大人がするようになる」わけですから、学校では教職員、家庭では保護者の影響を最も受けるわけです。子どもに求めることは、まず大人から。教室で求めることは、職員室からです。

教職員一人一人が、自らの言動が子どもたちの人格形成に大きな影響を与えることを自覚し、教師自らが自分の言動を見直し、学校における言語環境の整備に努めましょう！

こんなことは、日常的にありますよね。

「当たり前のことができるよう素直に聞いてもらいたいのに……」

「指示に従って落ち着いて行動してほしいなあ」

「いつも騒がしくて静かにしてほしいんですけど……」


〈言葉を発する前に、一呼吸おいて〉伝える言葉を選んでみましょう

1　静かにしなさい！➡話を聞く準備はできましたか／○○さんの話を聞きましょう
2　ちゃんとしなさい！➡（具体的に）〜しましょうか
3　どうしてできないの！➡どこまでできましたか／どこまでわかりましたか
4　廊下を走るな！➡廊下は歩きましょう
5　どうしてわからないの！➡どうしたらできますか？
6　まじめにやっているの！➡これからどうしたらいいと思いますか？

〈アンガーマネジメント（怒りのコントロール）〉で対処しましょう。

子どもたちに伝わらない言葉を使ってしまうことがありますね。発言する前に、ちょっと待って！「リラクゼーション」してみましょう。

①大きく深呼吸をして、細く長く息を吐く。

②親指を外に出して拳を握り、次第に力を込めて3段階で、最後に一番力強くなるように握り、その後、一気に力を抜く（筋弛緩法）。
③その場から離れて、個別に向き合ってしっかり話し合う。
その昔、先輩から言われたこと、
④げんこつを撫でているうちに、怒りは治まる。6秒我慢。

●「持続可能な社会は、日々の生活の延長線上にある」

「これからの社会はどうなっていくのだろう…」

「子どもたちの未来は、安心して暮らせる社会だろうか」

そんな不安や違和感の要因は、私たちの世界に蔓延する暴力の連鎖や、排他的な自国中心主義、コミュニティの対話力・多様性受容力・共感力の欠如、不寛容で持続不可能な社会が広がってきていると感じることにあります。

しかし、不安や違和感を、あきらめや否定や攻撃に転じてしまっては、現状は好転しません。人の価値観は多様です。一人一人異なるのですから、意見が合わないことがあって当然です。自分の考えも、自分とは異なる考えも、たくさんある考えの中の一つにすぎません。ですから、本音で「話し合い、考え合い、学び合い、分かち合う」ことが必要です。

今の社会（組織）のカタチは、私たちがしてきた「選択」の集大成です。

今の社会（組織）のカタチは、私たちがそこにどう関わってきたのかの結果です。私たちがこれから何に、どう関わるのかで、未来のカタチは変わります。

では、学校でできることはなんでしょうか？　子どもたちはみんな素晴らしく個性的な才能を持っています。でも、あまりに個性的なので、何がきっかけになって開花するのか、誰にもわかりません。教師にもわからない、親にもわからない、神様にもわからない、もちろん本人にもわからない。だから、学校ができるのは手を変え品を変えて子どもにアプローチすることしかないのです。こうすればどんな子どもでもうまくいくという一般的なマニュアルは存在しませんよね。教師にできることは「手立てを尽くすこと」と「待つこと」だけです。学校教育における喫緊の課題はこの2点に絞られます。

我慢強く子どもたちの成長を見守っていけるだけのゆとりがあり、さまざまな教育方法を自由に試すことができる創意工夫が許されていれば、子どもたちはいずれその才能を開花させます。ですから、私たちはそういう教育環境を確保するために全力を尽くさなければならないのです。

一年の四分の一を終えたところで一度立ち止まってリフレクション（内省）してみましょう。子どもにとっても、大人にとっても、今一番重要なことは「問題を見つけ、解決する力」です。それが、自立であり、自律です。問題を見つけているのに、みんながやっているから、仕方ないからと周りに合わせてやっていると、知らないうちに大きな問題に成長します。そうなる前に、またはそうなってしまっても、勇気を出して問題や課題を指摘するのです。そして勇気を出して解決するのです。すると翌日からあなた自身が変われます。変えることは、こんなに簡単であったかと思われると思います。「勇気と覚悟」が今求められているのです。人に頼っても、本質的な解決には至りません。さて、今、学校の問題はなんですか？

●「研究が楽しく感じるとき～子どものための子どもの研究とは～」

「主体的、対話的で深い学び」といっても、当人どうしの関係性が深まっていなければ対話も深まらないのではないでしょうか。であるならば、相手を信頼して対話ができる基盤を整えること、子ども自身が自分たちでつながる小さな成功体験を積み重ねてあげることが、教師の役目なのだと考えました。そんなあり方を模索し提示することが、今の私の提案です。

ふりかえれば、あれもこれもすべて用意をし、一人ひとりの考えもすべてメモをし、板書計画も細部まで用意して授業研に臨んでいた自分。ひどいときは、指導案（指導を受けた案）どおりになるよう、誰のためかもわからないような授業研をしたこともありました。結局は自分が可愛かっただけなのです。そんな自分から、子どもたちに委ねる心地よさ、本当に一緒につくる楽しさを、ようやく味わえるところが見えてきたような気がします。

これは、教員を10年経験し、教職大学院で学び、現場に復帰したある先生の研究授業後の振返りです。私も長い経験の中で授業研に関しては同じようなイメージをもっていました。何のための、誰のための研究なのかと。指導案は何のため、誰のためのもの、なぜ指導案検討をするのか、自分がやりたいことは何か、目の前にいる子どもたちに必要なことは何か、子どもの将来への責任は果たせているのか……。

さて、子どもに委ねるという話が出てきました。これまでに優れた教師の優れた実践は、研ぎ澄まされた一つの発問によって、子どもが主体的に動き、変容していく姿を見せてくれました。しかし教師がテクニックを駆使して一方的に進めるような授業では、いくら子どもが楽しそうにやっていても、子どもの成長は見られません。教師が目立つ授業は、子どもの成長の機会を奪います。授業はうまくなる必要はありません。授業は、子どもが活躍するようになればいいのです。そのためにどうすればいいか考えるのが授業研究（子ど

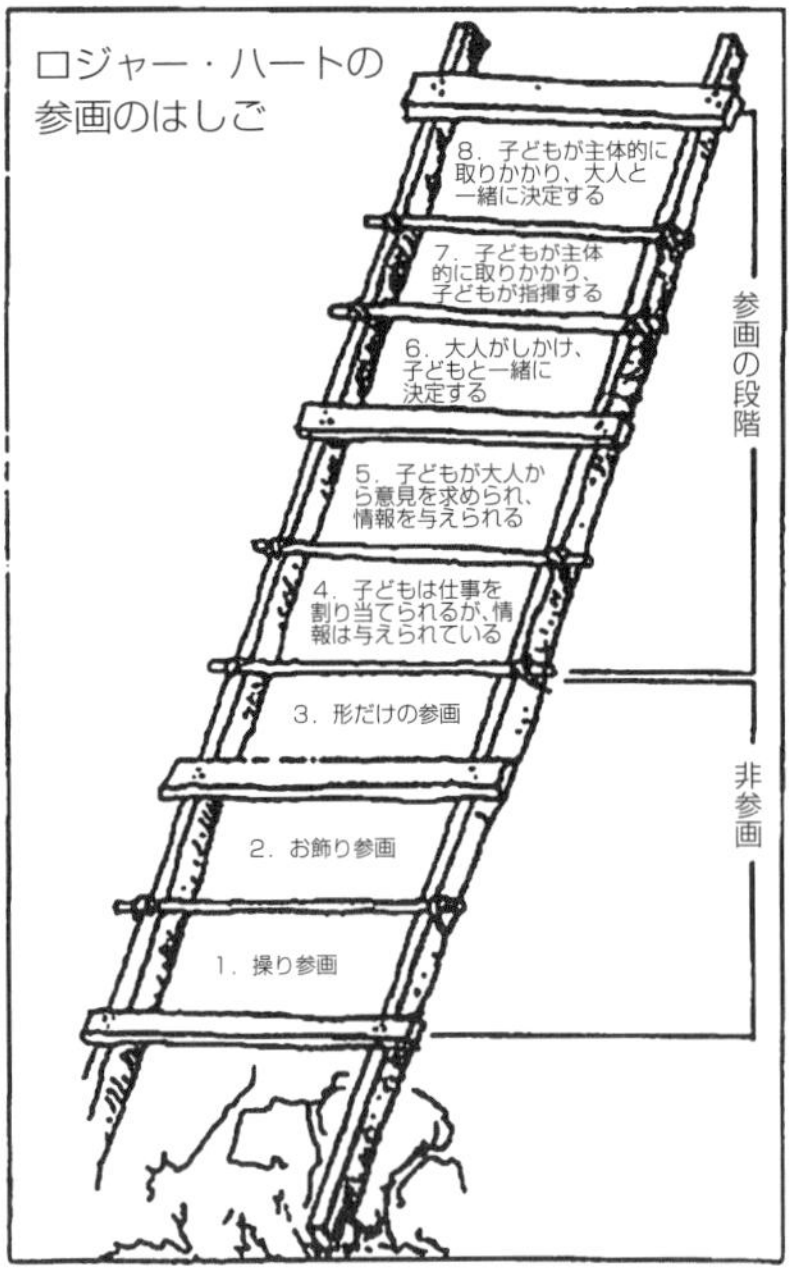

ロジャー・ハートの
参画のはしご
8．子どもが主体的に取りかかり、大人と一緒に決定する
7．子どもが主体的に取りかかり、子どもが指揮する
6．大人がしかけ、子どもと一緒に決定する
5．子どもが大人から意見を求められ、情報を与えられる
4．子どもは仕事を割り当てられるが、情報は与えられている
3．形だけの参画
2．お飾り参画
1．操り参画
参画の段階
非参画

（ロジャー・ハート著、木下勇・田中治彦・南博文監修、IPA 日本支部訳『子どもの参画』萌文社、2000 年、p.42 より作成、原著 1997 年）

も研究）です。子どものための子どもの研究であるならば、子どもの成長（変容）の記録はとっているでしょうか？　子どもの思考の軌跡は残してあるでしょうか？　研究というのであれば、それがなければ検証はできません（エビデンス ベースド）。

また、学校の高学年では「参画」を目指すことになっていますが、そのために低学年からの積み上げがどのようになされるのか体系化されているのでしょうか。これも研究というのなら明確にしていかなければなりません。この3か月の実践を見ているとかなり進んだ取組みも見られます。現在の段階を知り、次のステップに進めるために、ロジャー・ハートの「参画のはしご」は参考になります。教師がワクワクする楽しい研究に！

●持続可能な社会の創り手を育てる教育――ESD

ＥＳＤは本来、日常生活の中での行動やライフスタイルの変容を引き起こすダイナミックな教育です。持続可能な未来につながる学びをつくるのは、教室内で展開される授業のみならず、学校の在り方自体を見直していくということです。

今後、どの学校でもＥＳＤに取り組むようになるでしょう。それぞれの学校は、その地域や学校の状況に応じた取組みを行っています。それが、どんな取組みであろうとも、ＥＳＤを意識して取り組んできた教職員は、自らつながりを見つけながら持続可能性を実現しているはずです。また、他校へ異動した時、他から何がＥＳＤかと問われた時、的確に価値づけすることができることでしょう。

ＥＳＤが内在化した学校は、教育活動のどの場面においても、ＥＳＤのビジョンが染み込んでいます。それは、学校全体に流れる空気感としても存在し、来校者にも感じられるところです。学校に入った瞬間感じる心地よさや明るい雰囲気として表れます。特に「ケア」をビジョンとしたＥＳＤへの取組みは、学校全体に染みわたり、さらにＰＴＡへ、地域へと広がりを見せます。ＥＳＤは、面倒で時間がかかり、関わるすべての人の意識変革が求められますが、確実に持続可能な未来への変化をもたらします。学校での取組みによって、子どもが地域社会を変えていこうとする当事者となっていく姿を見ることは持続可能な未来を描くうえでも、明るい希望です。

学校全体が持続可能になっていくためには、今問題視されている教職員の働き方もＥＳＤの重要なテーマになっていきます。「元気な学校は、元気な教職員から」「持続可能な学校は、持続可能な教職員の働き方から」です。現在の学校の様子を見ていると、「元気がない」「忙しすぎる」「やりたいことができない」「これ以上、やらなければならないことが増えたら困る」「ＥＳＤどころじゃない、明日のことで精いっぱい」等々ネガティブな話をよく聞きます。横浜市のＥＳＤでは、カリキュラムと学校運営を統合して取り組んでいます。授業を中心に取り組まれてきたＥＳＤも、学校全体さらには教育の在り方そのものを対象にしていく段階にきています。「元気な学校」「先生たちが仲良く、やりがいをもって働く学校」が実現していることは、ＥＳＤを基盤とした学校経営の賜物と言えます。ぜひ、日本中の学校で実践することをお勧めします。

●「日頃から「校長マインド」を持つ」

学校組織におけるトップリーダー・ミドルリーダー、そして次世代型ミドルリーダーの育成は、学校経営に好循環をもたらすかどうかに大きな役割を果たします。賛否両論はありますが、次世代型ミドルリーダーは若手教員を対象にしたいと思います。失敗を通して学ぶことが許される環境であれば、子どもの可能性を信じて任せるように、若手の可能性を信じて任せることで、試行錯誤し合い、ともに成長していくことでしょう。

優れたリーダーは正しい心構えから生まれます。つまり、意思決定者になったつもりで考え、意思決定者と同じように、すべての問題を熟考することが大切です。それは自分の信念、行動、そして他者に与えた影響に責任を取るということです。校務分掌の本来の意味はそういうことだと思います。もっと視野を広げ、「自分がなすべきことはなにか」を考えること。すなわち、校長になったつもりで、なすべきことを考えるわけです。そうすれば、理路整然と考えられるようになり、仕事の効率も上がります。校長マインドを身につけ、リーダーになるために積極的に学び続けるようになればしめたものです。この心構えが身についている人は、あらゆるスキルを駆使して課題に取り組めるようになります。リーダーは必ずしも課題解決に到達する必要はありませんが、答えを求めて努力する姿勢は身につけなければなりません。そして、このプロセスに終わりはないので、習慣のようにすることが重要です。

ただ、「校長になったつもりで考える」ことは、それほど簡単なことではありません。多くのことを考えなければならず、人間関係も難しい現代社会では物事が複雑に絡み合っているし、周りの状況は変わり続けています。おまけに考慮すべき問題は山積しているので、「これは私の仕事じゃない！」などと投げ出してしまいたくなることもあります。だからこそ、校長マインドを実践してフラストレーションがたまる人や悩む人、過大なストレスを感じる人は、そうした感情に慣れる必要があります。そして練習を重ねるうちに、やがて精神的な負担も軽くなっていくのです。

意思決定に至るまでのプロセスは、決して楽ではありません。状況も考慮すべき事柄も変化し続けますし、同じ状況に直面しても、人によって導き出す答えも解決策も違ってきます。そうしたあらゆることを考慮するため、リーダーは分析を行い、周囲からアドバイスや情報を受け取り、あらゆる可能性について議論し、深く考察する必要があります。

そして、適切な判断に到達するまで、学校がチームとして協力し取り組むことが大切です。これまでリーダーになった時に何をすべきか学ぶことはほとんどありませんでした。学校においては学校経営という言葉はありますが、校長（経営者）マインドは培われてきませんでした。これからのリーダーは、校長（経営者）マインドを身につけるために、意思決定者の立場でものを考え、自分の行動の結果に責任をもつように行動することが肝要だと思います。

第6章 現場の声・「奇異」「稀有」な公立小学校

主幹教諭　長谷川　吏子

学校において校長は役割であって、そこに上下関係はないと思っています。指示・命令ばかりで、みんなが、自分の役割を考えて行動しないと、パフォーマンスは上がりません。学校というチームのメンバーが、「こうしてみようかな」と思った前向きな気持ちを、「いいね！」と心から肯定して任せることが、一番やる気が出て、ポジティブな結果につながります。チームのメンバーの成長や才能の後押しをするのはとても楽しいし、陰口が少なく笑顔が多い環境を創り出せます。というわけで私は、「メンバーをマネジメントしない」。

私が初めて校長として着任し、8年間を過ごした小学校。さて、現場の教職員は、どう感じていたのでしょう？　先生たちの声を長谷川吏子さんがまとめてくださいました。

どんな学校？

「一歩足を踏み入れると何か違うものを感じる」と外部からの来校者に言われるようになったのはここ3、4年のことだろうか。住田校長が着任し、ＥＳＤ（持続可能な開発のための教育）を根幹に、と横浜で初めてのユネスコスクールになって6年。ユネスコスクール以前、またＥＳＤ・ユネスコスクール当初を知る職員は「確かにこの数年でこの学校は変わった」という。

初任校なので、他の学校はよくわからないけど、２０１１年当時若手は何も言えないことが多かったです。先生同士が口論のようになってしまう時には、黙って時間が過ぎるのを待つしかなかったし、授業のことや子どもの指導のことで先輩の先生からご指導を受ければそれに従うしかないと思っていました。

（初任　２０１１年着任）

年数を経ていくたびに、職員室の中の関係性も変化していったと思います。それがＥＳＤの考えやホールスクールアプローチの影響なのかは、自分が現在進めている研究からも分析を進めていかなくてはいけないのですが、明らかに以前の職員室の雰囲気と現在の職員室は違うと思います。

（2校目　２０１2年着任　２０１6年度から大学院派遣）

不思議な学校である。「こんなことチャレンジしてみたいな」「やってみようかな」という、わくわくプランが思い浮かんでくるのである。今までの私であったら、他の学級との足並みを考えたり、具体的な学習計画を考えたり、自分の中である程度固まってから、同

僚に話をしていた。同僚に話をしてから、管理職に相談をしていた（これは、実行するまでに、かなり時間がかかる）。しかし、この学校では、発想し、ポロッと相談し、そしてすぐ実行している自分がいた。その実行に賛同し、「こんなこともできるんじゃないのかな？」とわくわくプランをさらにわくわくしてくれたりもする。そして、管理職は「いいんじゃないかな。やってみたら」といつも背中を押してくれる。

（２校目　２０１５年着任）

「不思議な学校」について、ある職員は「他の学校の人からは相当『奇異』に見られていますよ」という。また、ある職員は、「長い教員生活で経験したことのない『稀有』な学校」という。本校が一校目の若い職員は「他の学校に異動したとき大丈夫だろうか」と不安を語ることもある。ここでは「奇異な学校」とも「稀有な学校」ともいわれるこの「不思議な学校」について探っていきたい。

「奇異」？「稀有」？

「奇異」と言われるのは、おそらく二つの側面からではないかと思われる。一つは、前述の「職員室の雰囲気」と呼ばれるもの。もう一つは「ホールスクールのＥＳＤ推進校」であること。

　この小学校に赴任して、まず初めに声をかけていただいたのが、「ゆっくりでいいからね。」であった。１年の担任になり、初めてのことで覚えることやこの学校に慣れること、子どもたちを迎え入れる準備など、心配事がとても多い中で、そのような声をかけていた

だき、焦らずやっていこうと思え、ずいぶん気持ちが楽になったことをよく覚えています。いつも年度初めは、気合いばかり入れ、ゆとりが無いスタートでした。職員室の皆さんの表情も柔らかく、やることが多いのはこの学校も変わらないはずですが、思ったより落ち着いて仕事に取り組むことができました。とても有り難かったです。そして、この学校に来て驚いたことは、愚痴がほとんど聞こえてこないことです。今まで、愚痴が言える環境が大切と聞いていましたが、この学校では聞こえてこない。配慮が必要な児童も少なくない。児童の現状、課題もわかったうえで、子どもたちを長い目で見ていこうとしていることから、愚痴ではなく、包み込んでいく優しい言葉に変わって聞こえてくるのかなと感じました。愚痴を言わない学校がどうなっていくのか、私も長い目で見ていきたいと思っています。（笑）

（2校目　２０１６年着任）

若い先生たちが多く、とても明るい。そして愚痴をこぼす人が少ない。研究発表やエコプロ（毎年12月に子どもが発表をしているイベント）など、たくさんのことを始めようとしても、「ちょっとできません」がないのがすごいところである。それが子どものためになると信じ、自分で学び吸収しようという気持ちの表れであると思う。また、話しやすい、本音が言える雰囲気なのではないか。とてもフラットに感じる。

（２０１１〜２０１６年　事務職員）

ここ数年の横浜市の学校の年齢構成は、50代20代が多数を占める（グラフにすると）ふたこぶラクダの状態。この学校も、２０１６年では学級担任の半数以上が20代、という若手が多い学校である。新卒初任者も多い。そんな若手を「十人十色の各々の色を鮮やかにしていく」ように育成している様子が見られる。住田校長と同じ年に着任した初任者は当時を振り返る。

初任で出会った学年主任。他の若い先生が学級経営や教材研究の指導をされているなか、全く僕にはノータッチ。むしろ、「仕事がたくさんあるね。仕事早いわね。あなたなら大丈夫よ。じゃあ私帰るね。あまり無理しないように。」……こんな毎日だった。そんな中で、自分は自分の好きなようにやらせていただいた。不登校の子の家に色紙をもって上がりこんだり、クラスのみんなに手紙を書いたり、とにかく自由に。苦しむこともあったけれど、子どもとの信頼関係だけは離さないと必死にもがいた。そこで得るものはとてつもなく多かった。だって指示されないから。自分がやりたいことを選んでやるのだから。主体性、磨かれていくに決まってる。

もう一つの大きな出会いは今でも切っても切れない体育部の二人の先生。バカだった。月曜から夜中まで飲む。職員室で三人立たされ先輩から怒られる。毎日20時からご飯お菓子コーラ無駄話。ひたすら職員室に残っていた。ただこの二人はすごい。自分に体育の仕事をどんどん任せてくる。ピンチはチャンスのスタンスが基本。普通の日常じゃ満足できず常に刺激を求めている感じ。教師らしくあるな。おもしろいことやれ！　また怒られちまったな、飲むぞ！　そんな毎日。でもこの二人には信念がある、誰よりも何よりも子どもを第一に考えていた。正面からぶつかっていってた。そんな人になりたいと思った。

（初任　２０１０年着任）

「怒られてばかりいた」と語る彼は、委縮することも潰されることもなかった。当時、ベテランの教師から「無駄話」「無駄な時間」と評されていた深夜の先輩との語らいの時間が、彼に「安心・

心のゆとり」と「本当に大事なものは子ども、という価値観」を培い、成長を促したのではないかと思う。彼は素直に叱責を受け止め自分を見つめながら子どもたちと関わり続けていき、やがて体育主任・研究推進委員長の重責を担うまでになる。

誤解を招かないように付け加えると、怒られてばかりいた彼のような初任者ばかりではない。ユネスコスクールになって3年目に着任した初任者は、自分の4年間の変容を丁寧に振り返る。

初めの頃は、常に私が計画して、子どもに実行させていかなければという思いが強く、四角四面な教育をしていたように感じる。4年間続けて担任した子どもの成長を見ていく中で、「このままでいいのか」「もっとできるのではないか」と考え始めるようになった。私が作ってしまった枠の中ではなく、子ども自身がやりたいことやその子のペースというものがあるはずだと考えられるようになった。「私が考えてやっているだけではもったいない!!」

そこから私は、子ども中心に考えるようになった。どのように学んでいきたいか、どのようなことがやりたいか、何を感じているか、ということに重点を置いた。すべて私が引っ張る必要はない。教師が出るところと子どもに任せるところがあってもいいんだと考え始めた。そして、子どもは私が思っている以上の力を持っている。子ども同士の関わりは、教師と子どもとの関わりを超える力を持っている。私が考え付かなかった視点に気づいたり、自分でやりたいと思うことは私が言わなくても動き出していたり。子どもたちは、私の想像をはるかに超えた成長を見せてくれた。

教師が、必要なことを伝えることは大切だ。けれどすべての子どもが同じように成長し、同じペースで進むわけではない。一人ひとり違って当たり前である。この当たり前のことを心にとめて、その子の小さな変容のサインを見落とさず見守っていく。それが教師にとって必要なことではないだろうか。

（初任　２０１２年着任）

４年前本校に着任した時の私は、ある時は金八先生を、またある時はＧＴＯをモデルにしながら、自分の中の理想の教師像ＧＴＫ（グレートティーチャー金八）を創ることに没頭していた。しかし現実は、理想とははるかにかけ離れていた。腐ったミカンも無ければ、暴走族も攻めてこない。もっと当たり前の日常があふれているのだ。この日常をどれだけ大切にできるか。その意識が4年前の私には圧倒的に足りず、いつも何かに追われる日々を送っていた。そんな私の意識を変えるきっかけになったのは二人の不思議な先輩をはじめとするたくさんの先生方だった。不思議な教師、もっと言えばこんな不思議な大人と出会えたことが「先生とはこうあるべき！」という考えをもみほぐしてくれた。そして、「こんな先生がいてもいいよね」「こんな先生だったら面白いよね」と思えるようになってきた。

現在、私のクラスでは、私のことを「先生」と呼ぶ子どもはほとんどいない。「ティーチャー」。そう呼ばれて半年が経とうとしている。きっかけは突然、給食中に子どもたちの何気ない会話からだった。「先生ってなんかちがう」。すかさず「わかる、わかる！なんかティーチャーって感じがする」。この謎の会話が、気づくとクラス全体に広がっていた。お互いに気をつけているが、少し油断すると授業参観でも「ティ…、あっ先生！」となってしまうほど浸透している。４年前の私なら「先生と呼ばれるべき」と思っていたかもしれない。しかし、グレートでは無いながらもティーチャーと呼ばれる日常を楽しんでいる今日この頃である。

（初任　２０１２年着任）

もう一つ誤解を招かないように付け加えると、本校は本当に不思議な教師であふれている学校なわけではない。どこにでもいる一般的な人格の大人たちが集まっている。ただ、彼が「不思議だ」と感じるのは、彼自身が「こうあるべき」と思い込んでいた型から外れた個性や行動が否定されない風土であること、ありのままの自分で「一人一人が輝く」（学校教育目標）子どもたちのためにできることをしていくこと、なのではないか。他の見方で「そろえるところが果てしなく緩い」と例えられる、普通の個性が普通に発揮されること。それが「不思議」と感じられてしまうのは、もしかすると「学校は、教師はかくあるべき」という風潮が若い世代にもあるのかもしれない。

初任者・若手を「十人十色の各々の色を鮮やかにしていく」ように育成している教師集団は、個性や考えが否定されず、型にはめられない安心感から生まれる。子どもたちを「可能性に満ちた存在」と信じて成長を見守る担任教師のまなざしは、職員室でも職員同士に向けられ、「成長し続ける可能性に満ちた存在」として信じ合うことにつながっている。

もちろん、「学校教育目標」があり、同じ方向を向いて子どもの指導・支援にあたることは大事。でも、その中に一人ひとりが主体的に関わることができる場が保障されることは決して相入れないことではない。「やらされている」から「やりたいことができる」へ。今までと同じことをしていても、やらされている感が少ない。責任は増えるが、自分で取り組んでいるという感覚は、疲労感も少ない。

（２０１１年着任）

どこの学校でも行われている校内研究では、本校は横浜にとどまらずに遠くは海外の学校とも交流し、教育委員会を通さずに講師を依頼する。本校では講師を「ゲスト」と呼ぶ。自分たちの研究に指導講評を賜るのではなく、ゲストの専門性から学び、多面的に自分たちの教育実践を振り返ることを大切にしている。そんな研究の推進をしていた前述の初任から7年目の教師はこの小学校の研究の在り方はまだまだ試行錯誤の只中であると考えている。

研究主任を任されたとき、校長に初めに言われた言葉が、「あなたの好きなようにやりなさい」であった。もともと3年ほど前からこの小学校では「指導案」から「授業デザイン」という1枚の紙に変わり、研究会もその授業のことだけでなく、参観した人たちが話し合いたいトピックを立てて「円たくん」で話し合うスタイルを行ってきた。

これまで数々の先生が苦労してきた指導案。しかしその作成には人によりけりではあるが1か月以上の労力がかかる場合がある。よく言われた「指導案が出来れば授業研究は半分終わりだよ」という言葉。しかし、それは大きな勘違いであった。そもそも主体は子どもであること。指導案作成という膨大な時間の使い方がまず教員の元気を奪っていること。当然疲れ切った先生たちは子どもに元気に向き合えないということ。そして、何より指導案という型があることにより、その1時間をその通り進めなければいけないという呪縛にとらわれてしまうこと。つまり子どもの限界を指導案上で決めつけてしまうこととなる。そうではない。子どもは前日までに変わる、1時間前に変わる、その時間に変わるのだ。だからこそ、その実態を考えると、その指導案の枠を破っていかなければならないと考えた。

1枚にすることで伝えたい事をうまく伝えられなかったり、見る人もどこを見ていいのか悩んだりすることがある。その形式はこれからも改善し、よりよいデザインにしていかなければならない。そこにどれだけの教師の思いと子どもの成長してほしい姿がのせられるか。あくまでそれは参観者用であり、授業は指導案を見るものではなく、子どもを見るものであるのだ。

研究会というと、目に浮かぶのが授業者が自評を言い、参観者が質問責めをするか睡眠をし、講師が講評を述べるあの形である。授業で言えば一斉授業。あの貴重な時間にどれだけの人が主体的に学ぼうとしているかがそもそもの問題である。そしてこの形は子どもの授業同様、大人も手を挙げられる人が限られているのだ。そこで「円たくん」を用いたワークショップ形式の研究会が行われることになった。わさわさ喋る、だれもが喋る。ワークショップのいいところは気軽に話せることである。あーでもないこーでもないということを少人数で話し合う、自分の思いを吐き出せることは研究会も実りのあるものとなる。その一方で話題が散乱する、授業者によっては自分の授業がどうであったのか、その結果次はどうしたらよいのか知りたい人もいる。しかし、その決めつけがその教師の成長につながるのか、自分の枠を固めることになってしまうのかはその教師次第であり、とても怖いことである。

そこで、授業者の主体性をより引き出せるように、自由度を高く何より自分がやってみたい授業に本気で取り組めるように研究を進めていった。名付けて「チャレモヤ」。「チャレンジ」と「モヤモヤ」をもって授業に挑むこと。研究会ではその二つについて主に語り合う。決してモヤモヤは晴れない。薄く光が差すかどうかである。でもこのモヤモヤをいかに大事にできるか、いかにモヤモヤを広げられるか。いつも教師は子どもの成長を考えるときに悩む。悩んでやってみようと思ってまた悩んでチャレンジしての繰り返しであり、「この授業はこうしなさい」ではないのだ。モヤモヤが無くなったら授業者としては終わりであろう。本校はこのチャレンジを認められる学校である。子どもの何年後かを見据えて授業を考えている。学習指導要領は当然大事であるが、子どもをどのように成長させたいか本気で考えることがもっと大事である。そのバランスを大切にしていくこと。そしてどの教師も成長させたい子ども像を声を出して言えること。そんな研究でありたい。

本校の研究授業は、彼が感じているようにまだまだ変容し続けていく。それは、「不完全で未熟だから変わらなければならない」のではなく、「変化するのが当たり前のひと・もの・ことの中で、教師が変わるのは当たり前。恐れずに変わり続けていきたい」と意欲的になれる教師集団だからなのではないか。

ある年度末のこと。次年度に向けての校長面談を前に「そろそろ高学年を持たないとだめかなぁ、~年生はちょっとむずかしいかぁ」とよくある悩みを打ち明ける着任2年目の若い教職員に、学年主任は「消去法ではなく自分は来年こんなことをしたい、という思いをしっかりもって『だから何年生』という決め方をしなくちゃ」と指導したという。実はその学年主任も経験10年の若手だが「どんな自分になりたいか」を自他に問いながら子どもと向き合ってきた実践から語られた言葉だろう。「どんな教師になりたいか」「何をしたいか」を考え続けることができる（考え続けなければならないと促し合う）そんな風土がこの学校にはある。

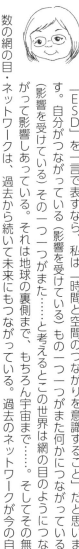

ESDの実践校として

「ESDとは」と問われたとき、本校ではほとんどの教職員が自分の言葉で表現することができる。実際、ある研修で投げかけられたとき、数分の間に全員が短い言葉や文で書きあらわすことができた。さまざまな「ESD観」がある中で、特に多かったのが「ケア」「つながり」というキーワードだった。その研修で私はこんなことを書いた。

「ESD」を一言で表すなら、私は「時間と空間のつながりを意識すること」だと思います。自分がつながっている（影響を受けている）もの一つ一つがまた何かにつながっている（影響を受けている）その一つ一つがまた……と考えるとこの世界は網の目のようにつながって影響しあっている。それは地球の裏側まで、もちろん宇宙まで……。そしてその無数の網の目・ネットワークは、過去から続いて未来にもつながっている。過去のネットワークが今の自分を創っていて、今のネットワークが未来の自分を創る。そう考えられる子どもたちを育てることがESD。つながりを意識すれば、「希望」が持てるし「行動」が変わってくる。古今東西・有機無機すべてのものが自分と影響関係にあると感じれば学ぶすべてが「自分ごと」。「知りたい」と思い、「大切にしよう」とするでしょう。

（2011年着任）

つながりが網の目のように無数にあり、それが影響し合って、自分を、世界を、未来を創る。言い換えれば子どもの成長に関わる要素はすべてであること。すべての教育の要素（材）のネット

ESDってなあに?

持続可能な社会をつくるために

➢変わる可能性をもっていると信じること。

➢同じ時代に生きる大人と子どもの心の垣根を取り払うこと。

➢相手を認めること。

➢気づいたことをやること、言うこと。

➢発見することの感動を大切にすること。

➢人と人が尊敬し合うこと。いいつながりができる。

➢自分以外の人に関心をもつこと。話しかけること。

➢自分以外の人も物も行事も感謝と尊敬することから。

➢様々な問題を知ること。自分でできることを考えること。実践。

➢いろいろな立場から考えてみること。

➢人と人の間に垣根や壁をつくらない。

➢他者とのつながりを意図的にもつこと。異業種、異年代、異文化。

➢子どもの心を忘れないこと。素直に—喜び、感謝、反省、感動。

➢他者理解。押し通さない、歩み寄る、受け入れる。

➢平和な環境。笑顔でいること。認め合うこと。文化の継承。

➢子どもの教育の充実。

➢小さいうちから、すべての物は命でできていることを伝えていくこと。

➢自分事。プラスに捉えること。

➢愛。

➢自立と協力。誰かのせいにしない・助けてあげよう、助けてあげたいの気持ち。手伝う・手伝ってもらう。助ける・助けてもらう。

➢知ること・触れること。愛されていることに気づくこと。

➢自分と意見が違う人・団体・国を認められる心・勇気。

➢欲望の制御、コントロール。

➢少しでも環境や社会をよくするために、大人が手本となること。

➢人の話を聞くこと。人のよいところを見つけること。

➢我々が変化の担い手を育てるという意識をもつこと。

➢苦手な人ともうまくやること。

➢人と人とが関わりをもち、孤立しないこと。

➢心にゆとりをもって、人の気持ちを考えること。自分を見つめ直す機会にもなる。

➢人や物を大切にすること。

教職員で挙げ合ったESDの要素

ワークを無視し、近視眼的に一つの要素だけを見て、そこだけを変革しようとすると、バランスが崩れてしまう。便利さ・快適さを追求して生態系や機構のバランスを崩してしまうという典型的な持続不可能性は、近視眼的な発想（思い込み）に起因しているのかもしれない。教育に携わる私たちには、目の前の一つ一つを大切にしながら、子どもを取り巻く影響関係のバランスや、未来を見据えた正視眼的な見方・考え方が求められるのだと思う。

ＥＳＤについて最初は、当時、この学校の6年生担任だった旦那（に後々なる人）から「命の授業」の内容や、ＥＳＤがどんな子どもの姿を目指しているのかなどを教えてもらい、「なるほどねー」みたいに部外者のような気分で聞いた覚えがあります。その時の聞いた内容で印象に残っているのは、「ただ活動して何か成果を出せばいいわけじゃなく、それはきっかけに過ぎない。その活動が終わっても考え続けることが大事なんだ」ということです。この話もあって、わたしの中でESDは「考え続けること」が今でもキーワードになっています。

初めは私の中では、何がなんだかわからないし、成果が果たして出ているのかもわからないし、という状態で、ユネスコスクールとしてのＥＳＤの活動が始まりましたが、今では全教職員にその考えや姿勢が浸透してきているし、それを土台として学年・学級経営をしているのが伝わってきます。じんわりやんわり、でも確実にこの学校を包み込む存在として育ってきた（育ててきた）、またこれからも育っていく「この学校のＥＳＤ」があるなーと感じています。

（２００９年着任）

20年以上特別支援学級を担任し、体験からの子どもの学びを大切にしてきたベテラン教師は、

ＥＳＤとの出会いをこう語る。

個別支援学級担任として、子どもたちの人や物との関わりを重視した学級経営に視点を置いてきた。そのために、生活科や総合的な学習の時間を軸とした学習を進めてきた。ちょうど本校に着任してきた年の重点研究が理科と生活科であった。「みんなで育てて作って食べよう〜ポップステーション」でハゼトウモロコシを育ててポップコーンを作り、販売するという取組みであった。そこから「ザリガニ大作戦」「さわやかクリーニング」「地球にやさしい大作戦」と毎年それぞれのテーマで取り組んできた。そして住田校長との出会いがあった。当時、まだ鳥インフルエンザの話題がさめやらない時期であったが、私は、校長室に行き、ウズラを飼って良いかどうか聞く。給食のおでんに入っていたウズラの卵の話題から、ウズラは毎日卵を産むという私の話を信じず、それなら実際に飼って証明してほしいという子どもたちの願いを受けてのことではあったが、きっとＮＯと言われるであろうと思っていた。しかし、そのとき校長は、二つ返事でＯＫを出してくれた。そして、今までの個別支援学級の取組みこそがまさにＥＳＤであると絶賛された。そのとき私はそのＥＳＤたる物が何なのか、まったくわからなかった。これが住田校長、そしてＥＳＤとの出会いである。このウズラを飼うという活動は、「命のバトン」に、そして「大すき！花（大豆・木・花）変身大作戦」「ドングリプロジェクト」「生ごみワーストワン脱出大作戦」「グリーン・クリーンアースレンジャー」「命の水」とつながり、子どもたちと一緒にさまざまな活動を積み重ねてきた。若い先生方が新しい言葉を次々に使って研究を進める中で、まだ「ＥＳＤとは？」と立ち止まる私に「あなたは、歩くＥＳＤなんだよ。」と言葉をかけられ、あまり難しいことを考えなくても、今までやってきたことがＥＳＤなのだと確信するようになった。ありのままの自分でいいのだと。

（２００６年着任）

実践の中で思索を重ね、自分なりのＥＳＤ観の深まりを振り返るベテラン教師もいる。

「ＥＳＤを取り入れた授業は、今までの授業とどう違うのですか」この問いかけは、誰もがもつと思われる。提案者、助言者の多くは、「ＥＳＤカレンダー」「問題解決学習」を語り、自分の学校でのアプローチを繰り返し主張していたように思う。ＥＳＤを新しいものとして考え、「〜をすればＥＳＤ」この「〜」にたどり着こうと思っていたのだ。私も同様であった。しかし、「学習指導要領に載っていることをしっかりやる、きちんと総合的な学びを創り上げていくことがＥＳＤなのです。」「だとすると、今までと変わっていないじゃないか」という人がいるとすれば、総合的な学びの時間をちゃんとやっていたのです。要するにいろいろな教科をうまく絡み合わせながら授業を作っていた人たちにとったら、今までと変わらない。」との住田先生の助言を聞いて、「全く新しいことをやるのではないんだな」と私なりに納得したのである。

「ＥＳＤってなあに？」（１６９頁参照）と題して自分の考えをまとめておこうと考えたのは、２０１２年12月の日付がついているから、住田先生と出会って2年が経過したときであった。そのとき明確にしようと挙げたキーワードは、①ＥＳＤ、②平和のとりで、③ユネスコスクール、④アンニョンハセヨ（交流）、⑤命の授業、⑥エコプロダクツ展２０１１である。その資料で私は「給食での変容」を取り上げ、レジメを締めくくっていた。些細な日常の積み重ねを意識していくことで良いのではないかと考えていたのである。そして、一人ひとりのＥＳＤのとらえがあっていいのだなと。

どの瞬間に、誰の言葉で、どんな体験で考えが変わるかはわからない。そして、考えはどんどん変わっていいのだと思う。迷いながら自分なりの最善を信じることができれば……。

（２００８年着任、２０１３年より再任用）

先ほども登場したが、「変わり者の仮面を被った実は常識人」と同僚に言われる音楽専科の教員。彼女は一見確かに変わり者。彼女の小学校時代の話を聞くと、20年前にはきっと珍しかったであろう集団行動が苦手な子・気の向かないことはしたくない子だったという。

「え？ 今から国語？ 私は体育がいいから校庭行ってきまーす！」「ひらがなの勉強、「き」じゃなくて「る」を書きたいなあー。」「朝会……みんなよくまっすぐじっと立ってられるなあ…。あ、また怒られちゃった。」「せんせーい、絵を描きたいのでホール行っていいですかー？」「スイミーの劇かあ…わたしはスイミーの本を作りたいなあ……劇はいいや！」

そんな彼女が紆余曲折を経て教師になり、ESDと出会った。

音楽で初めてESDをしっかり意識して授業をしたのは、環境大会のときのことです。葉っぱを踏む音、自分の足音、水道から水を出す音、ドアを閉める音……。校庭や学校の中からいろいろな音を見つけてきて、それを繰り返したり重ねたりして、音楽にしました。普段何気なく聞いている音や、自分が出している音も音楽になるんだ！ということを、子どもたちとみんなで楽しみながら実践できたと思います。

今は、どうやったら（できるだけ）一人ひとりの考えが共有できる、自分の考えをもとに活動に参加できる場をつくっていくかを日々試行錯誤している状態です。

私生活の面でも、子どもたちに伝えるのなら自分も何か実践しなくてはいけないなーと思っています。些細なことですが、自分の家の冷蔵庫に余計な食料は買わない！ ちゃんと消費する！ 何が入っているかすぐわかる、整頓された冷蔵庫に！ というようなことをしてみたり、湯船の水は洗濯をするときや、花や草の水やりにできるだけ使うようなことをしてみたりしています。

「考え続ける」が自分の中でキーワードなので、自分に何ができるか？ どうやってやるか？ ということを通勤の間、お風呂の間などの隙間時間に考えるようにしています。また、さらに素敵なこの学校にするために、「これがこの学校の風土なんだ！」と言えるところまで続けていくために、さまざまな学校や関係機関の研修にも行くようにしています。

つい（自分にとって）素敵な洋服を見つけると買いたくなってしまうので、そこは今後の課題です（笑）。

ユネスコスクール元年に新卒初任として着任した教師は「本音を言います。」と前置きして、ＥＳＤについての迷いを語る。

今の職員室の雰囲気はいいです。子どものことや授業のことを話せる雰囲気、先生たちがやりたいことをやれる雰囲気が根づいていると感じます。でも、正直言うと……「やりたいことをやれる」は、前向きにとらえればチャレンジなのかもしれませんが、「やりたいことを見つけてやらなければならない」ことに「やらされ感」を感じることもあります。仕事量の多さから無理矢理だとも感じてしまいます。（本校の最近の）授業についてもこれでいいのかと思ってしまいます。ただ、「円たくん」を使わせて子どもたちに話し合わせればいいような風潮になっ

ているのではないか？　ESDという言葉に甘えているのか？　本当に先生たちの働きやすさなのか？
　ESDについてさまざまな研究会に参加したり、講話を聞いたりして、私なりに考えてきました。教育がよりよく変わり続けるのは大切なことだけど、時に変わらないことも必要だと思います。特に先生一人ひとりが、自分の担任する子どもたちを、自分の授業を、自分の校務を、自分が責任をもって何とかしようという気持ちが一番だと思う。そこからでなければ、自分が本当にやりたいことは、見つけられないと思っています。

　彼女の悩み・迷いはESD推進校での多くの教職員の悩みや迷いに共通するかもしれない。横浜のESD推進校の会などで各校の推進担当者からよく出てくる話題がある。「（ESD推進校である自分の学校の）多くの先生方は「（ESDという得体のしれない）新しいものを取り入れてこれ以上仕事を増やしてほしくない」と思っている」「「本当に必要なのか？」とも言われる」「なかなか教職員の気持ちが一つにならない」という困り感である。本校の推進委員からは不思議とそのような疲弊した声は聞かれない。「円たくんを使わせて話し合わせればいいのか？」「ESDに甘えているのか？」「変わり続けるのは大切だが時に変わらないことも必要」という、ともするとESDを根幹とする体制批判に受け取られかねない言葉が自由に発せられ、推進担当者（含む住田校長）はそれをスルーもしなければ、否定（潰し）もしない。もちろん教化（洗脳）に動くこともない。決して無理なく「受け止め」、自然に「共感ポイントを見つけ」、本校の課題として次への糧にすることが少なくない。

それができるのは、ＥＳＤを「固定化された体制づくりとして」「授業づくりとしてのみ」とらえるのではなく、「サスティナブルな学校文化づくり」ととらえているから……。固定化された体制はわかりやすいし、「これをしていればＥＳＤ！」的な考え方で何をするかがはっきりしていれば、ある意味楽ではあるが、刻々と変化する社会、変化する子どもたち、を前に「決まった形」「今までの経験」に「安住してはいけない」と考える教職員がいる。

新しいものを取り入れたり、勉強会を開いたりするのは、とても勇気がいることで、そうしたことに対して冷たい視線を送る方も中にはいたかと思います。そう考えると今のこの学校には、（言葉は悪いけれど）足を引っ張る先生がいないことは、とてもプラスなのではないでしょうか。まして一人だけで挑戦するのではなく、周囲も一緒になってやろう、とする雰囲気があるので、その影響はみんなにとっても大きいのではないかな、と思います。学び続けようという肯定感がある職員室は、つい今までの経験に安住してしまう教師の仕事に大きな変化をもたらしてくれると考えます。

本校の教員は、横浜市にとどまらず、他県、海外に研修に出かける。ユネスコスクールに登録した２０１１年から毎年、韓国・中国・オーストラリア・ブラジル……とＡＣＣＵ（ユネスコアジア文化センター）・ＪＩＣＡなどの海外招聘プログラムに参加している。課業期間中に１週間から１か月、担任教師が学校を離れる。これも「奇異」な実態として見られているようだ。「遠い海外を視察することはもちろんよいことだが、市教委主催の研修研究に参加した方が、明日の授業に役立つのではないか」「担任が1週間もいなくて子どもたちは大丈夫なのか」という声は外部からも聞こえる。

私が着目するのは、「海外と広くつながっている」ということではなく、海外派遣の同僚を送り出す教員・学校の有形無形の体制である。前述の外部から寄せられる心配（批判）の声は、ここ2～4年、職員室内（保護者も含め）にはほとんどない。

副校長

2016年の新年、初出勤日に、副校長とカフェスペースにいた。お茶を飲みながら、「今年もよろしくお願いします」とたわいもない話をしていたら、副校長が一言。「お前は海外に行け」、これは衝撃的な一言だった。自分でも「そうか」と思った。お茶をしながら生まれた衝撃的な会話であった。これが予言かのように、今年は、ブラジル、オーストラリアの研修に参加し、人生を変えるような人との出会い、多くの学びがあった。今までの私だったら、海外に行き、海外での学びが自分の肥しになるだけで満足であった。

しかし、今は違う。自分の学びを還元したい、どのように還元したら伝わるのかと考えている自分がいる。私のチャレンジはまだまだ続いている。

そして、多くの人と出会うことで、子どもたちとの関わり方も変わってきていることを感じる。自分自身が磨かれることで、それが子どもたちに直結しているのである。「子どもたちに委ねる」そう決意した、新年度。今はどうか。時々振り返る時間（リフレクション）がこの学校にはある。時間の余白。日々の日課だけではなく、子どもたちと教員の関わりを振り返る時間。それは、日々の会話の中で生まれることも多い。

この「子どもたちに委ねる」という考えも、以前の私ならば考えられない。しかし、「信じてみよう」「チャレンジしてみよう」と思えるから不思議な学校だ。そこには、担任だけではない、級外や他学年の先生方のサポートがある安心感からくるのかもしれない。前任校の学びがあって、今の私がある。そして、挑戦し続けることのできる環境に、今、いる。私に何ができるのか、考え続けている。

（2校目　2014年着任）

学びを還元する……信じて委ねる……という、すぐには答えの出ない取組みは、即効性を求める体質の学校であったら受け入れられないだろう。「すぐに結果は出ないかもしれないけれど、教職員の経験（学び）はすべて目の前の子どもと直結している」ととらえ、認め合い支え合う学校体制があるから、送り出す教職員の有形無形のサポートが見られるのだろう。

私は今までの学校で何度かクラスが崩壊した人たちを見てきた。つらかったのは、崩壊したクラスの先生方が涙ながらに謝ったり、時にはお休みを取らざるを得ない状況になったりした姿を見たことだ。この学校でも、赴任した1年目に学級がうまくいかず、辞めた人を見ることになった。それも正直、とても嫌だった。

どうして担任の先生が、そんなボロボロになってまで責任を感じなくてはならないのだろう。どうにかならないものか、という思いをそのたびに強くもっていた。私自身も一歩間違えれば、そうなったのかもしれないし、いつそうなるかわからない。

経験が少ない先生にとっては、自然と学級がまとまらなくなるリスクが高まるのは当然である。これだけ多様性のある児童が増え、若い先生が増えている時代。スーパー先生が一人で引っ張る時代ではない。どうにかして、もっと職員室全体で子どもを見る、育てるあり方はないのかな、と経験を重ねる度に思っていた。

まだ到底、完全に機能しているわけではなく課題もある。その答えのヒントがある意味、この学校のホールスクールアプローチにあるような気がしている。

この学校の職員室はとにかく明るいと感じた。教員同士のギスギスした空気がない。全くないかと言われたら、個々に意見が違ったり、ぶつかったりすることはある。でもちゃんと話し合うことができる。自分はあまり意見が言えない方だが、意見があるときにはきちんと相手に伝わる話し方ができるようになりたい。遠慮していたらもったいない。話し合うことで、さらに前に進めるかもしれない。

こんな環境の中であればみんなが生き生きとしていられる。これが何よりのこの学校の強みだと思う。経験のある人達から見たら言いたいことなんて山ほどあるはずなのに、一緒に悩んで話を聞いてくれる。この感じ。最高の居心地である。

（2校目　2012年着任）

今、この学校での自分を振り返ると、周りにはいつも自分のことを信じて任せてくれる管理職がいた。悩みや相談事を持ち掛けると、私の想いや願いを受け止めてくれて、そのうえで適切なアドバイスをくださる先輩の先生がいた。自分のクラスだけでなく隣のクラスのこと、他の学年のことも気にかけてくれる先生がいた。同じ学年の先生とは時に笑い、時に悩みながら子どもの話をした。職員室だけで

なく、たまには一緒にご飯を食べに行ったり、お酒を酌み交わしたりすることもある。意外とここでの話が大事だ。職員室では、先生が生き生きと活動し、笑いがあり、とても明るい。なぜこのように感じるのか。きっと、この学校には「ケアリング」と「レジリエンス」（回復力・しなやかな強さ）があるからだろう。

（2校目　2013年着任）

学び続けようという姿勢に肯定感がある職員室だから。また、ESDをカリキュラムや体制といった形でなく、すべての教育活動の「核」「根幹」として広義にとらえているから。変化を恐れず差異を認め会える職員室文化が育つ。

そして、何と言っても「人とのつながり」は、教師を大きく変容させる。年齢の上下にとらわれず、同僚と交流し尊敬し、でも自分は自分のスタイルを構築しようとする姿がこの学校には多く見られる。

1年目は、6年生の理科と、5年生の算数サポート。6年生の理科は、授業時数が限られている専科の仕事をやや緊張しながら進めていった。クラスの雰囲気も担任の特徴も全く違う3クラス。私はアウェイな感じで子どもたちとの距離感をつかんで離れたり近づいたり……結局つかめなかったかも……。困ったことがあったら、そのクラスの担任に相談して、専科仲間の先生に愚痴をこぼして、「まっ…、いいか」と忘れるようにしていた。

今、2年生担任としてもうすぐ1年がたとうとしている。私と子どもたちで決めた目標に、迷いながらも近づこう、と取り組んできた。じっくりタイムの一斉授業・どんどんタイムの学び合いなど、子どもたちが意欲的に学べるように工夫してきた。今、授業は楽しい。そしてアウェイ感はありません！悩んだり迷ったりした時は誰にでもすぐ相談。誰にでも相談できるところがこの学校のいいところ。

　私が職場に慣れただけでしょうか……。

　私、皆さんに変えてもらったのでしょうか……。

（2015〜2017年　臨任）

　自分の周りには常にサーバントリーダーと言えるお手本がいた。それは明らかに自分を成長させてくれたと思う。そして、何より学校がモヤモヤの中にいるのがいい。自分はいつも自分が正しいと思うことをするし、そしていつも反省し後悔したり、やってよかったと思ったり一喜一憂したりしている。学校も子どもに対してもそう。正しいことなんて一つもないから疑って考えることが大切だと思っている。今のやり方やあり方だっていい面も悪い面もある。学校はきっとそれをわかっていて、だからいつもチャレンジしている。こうでなければならないレールの上で勝負するのではなく、こうでありたいというレールの上で勝負する！

　変容っていうけど、実は前だって、こういった考え方を持った人は少数でありながら、この学校にはいた（むしろだからこそ今も残っているのかな）。変容ってイメージより、その層が広まったってイメージがある。んー、そう考えるとやっぱり学校は変わったと言えるのかな。ともかく、自分らしくこれからも白黒決めないで感覚や感性を磨いて勝負していきたいと思う！

　ある4年生の先生から、「世界の水事情について授業をしてもらえませんか」と依頼を受けた。以前カンボジアで体育を教える活動をしていたこともあり、現地で見て、考え、感じたことを伝える場があればいいな、と考えていた。もちろん快諾した。カンボジアの水事情について45分間授業を行った。授業終了後には、子どもたちの授業後の感想を見せてくれたり、その後の子どもたちの活動を伝えたりしてくれた。担当学年を指導するという枠にとらわれず、他学年のニーズに合わせて、出前授業も行っている。その背景には、その先生がどのようなことに関心があり、どんな経験をしてきたのか、ということを知らないと実現できないのではないだろうか。教職員間の日常からのコミュニケーションが大切である。

また、経験や実績を積んだ教師も、新たなつながりから学ぼうとする。20年以上の経験をもち、市の研究会でも活躍してきた教員は、この学校に着任してきた当初からを振り返る。

安心感に包まれて伸び伸びとすごし、やりたいことをやり、言いたいことを自然に口に出せるようになり、次第に気がついていったのは、もしかしたら、これまでは、私はかなり無理をしていたのかもしれない、ということでした。疲労がたまっても気づけず、求められることに応えようとしていた一生懸命な自分。常に、明日までにやらなければいけないことに追われ、眠すぎてできないときは早朝に起き、睡眠を削ったり休みに働いたり……。それでも、こうなってしまうのは、自分の力が足りないせいなのだと思っていました。

教師としてもっと成長したい、よりよい授業ができるようになりたい、だから研究に打ち込みたいと思う気持ちは強くありました。教師だってひとりの人間として、まずは健康を保ち笑顔でいること、元気に子どもたちの前に立つことなんてそっちのけでした。そんなことは前提としてできていて当たり前。

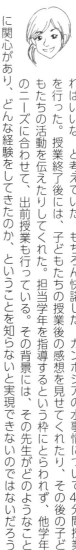

子どもを伸ばせる教師になりたいと素直に思っていましたし、その方法はいわゆる「研究」で学ぶもの、学べるものだと疑うことなく信じていました。経験を重ねて無難に指導案は書けるようになっていましたし、自分が学んできた研究の方法は「こういうものだ」と信じて伝えていました。そう教えられてきたからです。講師や管理職によって、研究の進め方や指導案の書き方等、進む方向もやり方も変わることに対しても、打ち上げ花火的な授業研や研究発表会のあり方にも、疑問をもってはいました。しかし、あらゆる課題を根本的に見直すことはできず、器用に対応することを求められていると思い込んでいました。

この学校の職員室には教師の「主体性」を認められる雰囲気が流れていました。年齢性別はほぼ関係なく、自然な言葉で対話が生まれています。教師同士の壁が低く、どこからでも会話が生まれ、朝から笑いも起こります。忙しくても「ちょっと後ろ（のテーブル）で話そう」と集まって何かを相談するムードもありました。自然と、「あの学年は今こういう状態なんだ……」と察知することができる。お互いがお互いを気遣う「ケアリング」のかけらは、すぐに見つけることができました。

誰に対してもいつでも話しかけることができ、自分で判断でき、自分らしくいてもよいとわかると、相手にも親切にできるようになる。この学校なら子どもたちを主役にする授業ができそうだとワクワクしました。

（4校目　2013年着任）

来校者がよく口にする「ここの職員室は明るい笑顔と笑い声が絶えない」という言葉。これは「奇異」と思われる原因の一つかもしれない。教職員間に流れる雰囲気は温かい。それは皆が同じ方向を向いているからなのではない。個性・信念のある大人が（決して平穏といえない状況の中で）

真剣に仕事をすれば、意見や感情の食い違いはもちろん毎日のようにある。なのに温かい雰囲気をキープしている。それは、波風立てずに腹に収める的なものでない（実際、毎年行われる「ストレスチェック」では、２０１５年・２０１６年、市内でも大変良い結果だったそうだ）。違いは違いとして認める、あるいは助言をするにしても相手のことを考えて、と互いをケアし合うことの大切さをわかっているからこそそのものだと思う。

授業の外側から子どもたちを支える

私の理想とするこの学校の保健室は、いつでもどこにでも、当たり前に存在する保健室だ。つまり、けがをしてしまったら、応急手当が受けられて、「大丈夫だよ。」と言ってもらって安心できる。体調が不調ならば、休養ができる。休養はいらない、と自分で判断したら、「またいつでも来ていいよ」と言ってもらえる。何となく来てしまったら、何で来たのかを会話をしながら一緒に考える保健室だ。ピンチのときに助けを求めたくなる場所は、どんなときでも変わらず当たり前に存在していたい。保健室もＥＳＤなのだ。

養護教諭一人では、理想的な保健室経営はできない。教室での児童の様子を担任から聞きたいし、保健室で聞いた話を担任に聞いてもらいたい。事後対応だけでなく、実態に合わせた保健指導を行って、健康な生活をつくっていくような関わりもしたい。欲張りなのだが、それらを全部叶えたいと考えたとき、教職員との報告・連絡・相談（コミュニケーション）が実現の鍵だと感じた。

（２０１４年着任　養護教諭）

（学校司書として）学校に勤務するのは初めてです。当初は、授業時間中も教室に入らず廊下に子どもがいることに驚いたのですが、担任以外の先生も、子どもの名前を憶えていて、話を聞いて対応しているのに気づき、よく目の届く学校なのだな、と感心しました。（教室にいられなくて）授業中に図書室に来る子には、担任の先生と相談して私が読み聞かせをすることもあります。教室では荒れている子もいると聞き、図書室での静かな様子に驚きました。

（２０１６年着任　学校司書）

ここでもつながりやケアが大切にされている。教師とは立場が違っても、子どものために自分ができることを考え、他の教職員と連携しながら関わる姿が日常的に見られる。「スーパー事務職」と賞賛されていた教職員のモットーは先生たちのことを優先するということだ。

事務職としてのモットーは相手の気持ちになって優しくなる、先生が望んでいることを行っていくことをいつも考えている。

基本的には事務職の目から見るとベースはしっかりと理解していてほしい。本来ならば、こうしなければならないという書類等の処理も、ベースを知っていて柔軟に対応することが大切であると思う。管理職はそこをよく理解して、聞いてくれるのでとても仕事がやりやすい。

結局はいつも子どもの安全を考える。先生たちの忙しさを知っているため、安全面に関しては積極的に協力している。正直、子どもが元気に「行ってきます」と言って元気に学校へ行き、「ただいま」と言って元気に帰ってきてくれればそれでいいと思っている。そんな教育活動ができるようにサポートしていきたい。

その言葉通り、教室を飛び出し校庭のジャングルジムに上っている子を見て事務室から出ていき「何かいやなことあったのかな?」「誰か呼んできてほしい人はいる?」と担当教員が来るまでの間、見守り続けていてくれたことがあった。またある時、彼が新しいシュレッダーの前でこんなことをつぶやいていた。「これで先生たちはシュレッダーでストレス抱えずにいいコンディションで教室の子どもの前に立てる」と。切り離して割り切ってしまえばそれまでの仕事であるのに、子どもとの関係性でとらえていることが感じられた。事務室・給食室の職員もそれぞれの職務に、学校全体・子どもたちを広く見据えた視点で自然に気負うことなく日々取り組んでいる姿が見られる。明るく仲よく……。

技術員・調理員の方々はこんなふうに語る。

一番大事なことは二人の呼吸。技術員は二人で作業することが多いので、二人の信頼関係がとても大切である。大事にしていることは認め合うこと。考え方なんてみんな違うということが前提、先生たちも同様である。だからこそ何かあっても、柔軟に対応してくれ

る。「仲が悪くなるってなんで？」という気持ちでいる。調和も大切にしている。うまくバランスをとることが大事。仕事はあくまでプライベートのため。日常の中で「今すぐしなくてはならない」仕事はほぼないので緊急の対応をとにかく優先して仕事すること。

子どもが掃除する場所は掃除はしない。汚れた状態を見て子どもがどう考えるか。逆に学校に花をたくさん植える。「美しい」を見てそれが伝わるかな、と考えながら。

（２０１４年・２０１５年着任　技能吏員）

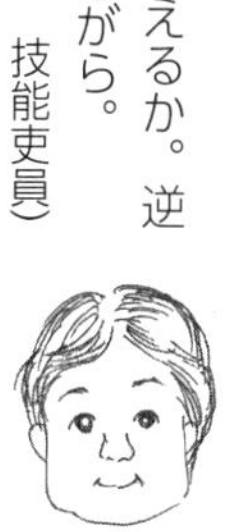

給食をよく食べるということは生きる意欲があるということ。

子どもたちは給食をよく食べる印象が強い。残食が多かったり、食器が雑になっていたりするとやはり学級経営も気になる。そんな目で普段の給食室から学級を見ています。

（２００５年・２０１５年着任　調理員）

教員ではなくても、それぞれの分野のプロフェッショナルとして学校を支え、ともに学びの場を創る仲間として認め合う姿がある。若い調理員が「野菜の状態によって火加減を秒単位で判断して絶妙に仕上げるゴットハンド」と先輩調理員のことを絶賛していた。また、栄養士はこんな話もしていた。「給食って早く準備終わって早く出せば（子どもが取りに来る場所に並べれば）、それだけ昼休憩の時間が増えるけど、（調理員の）〇〇さんは『できるだけ出来立てのおいしさに近いものを食べてほしいから（自分たちが休む時間が短くなっても）、子どもたちが取りに来るギリギリの時間に仕上げて並べようね』って言うんです。」と。

調理員・技術員と教師が子どもの話をしている場面をよく見る。子どものよい姿については心からの笑顔で、課題の姿も丸ごと受け止めながら実名を出して具体的に語り合っていることがある。給食を作ること、学校を整えることだけでなく、それが子どもの育ちにつながっていることを、立場を超えたつながりで実感し合っているのだと思う。

おわりに

長くこの学校に勤務し、住田校長以前を知る教員は、稀有な雰囲気は住田校長によるところが大きいと語る。

よくよく考えると、そういう雰囲気にしてくれたのは住田さんですよ。任せてくれるじゃないですか。ただ、本当にマズいなっていうときには、じっくり話を聞きつつ押しつけじゃなくて、こういうやり方もあるよっていうのを出してくれて……。

僕らが自分から選んでいるんだけど、それはまぁ誘導って言ったら言葉悪いですけど、いい道に誘《いざ》なってくれるというか。そして、最終的に責任とってくれるじゃないですか。そこなんですよ、心強いの。

住田さんは、窮地に立たされたのを窮地と思っていないように見える。しなやかな強さがある。ぶれない立ち位置が感じられる。そういうのって僕も、この先身につけたい。多少は身につけたと思う。だから、異動して今の学校に来て、人間関係多少いろいろあるんだけど、そんなイライラしないし……。

相手の立場に立って考えて発言できるから、割と溶け込んでいるかなぁ。でもそれって、全部この学校の出会いのおかげなんですよ。

（2007〜2015年度）

まぁ、変わりましたよね、この学校は。影響……そうですね。なんだろう。ESDが変えたというより、住田さんが変えたんじゃないんですかねー。住田さんはすごく教職員のことを考えていたんですよ。「教職員がよくないと子どもがよくない」って、一人一人の教職員を認めて大事にして、そんなに前面にガンガン出てこない。だけど、きっと住田さんはもっとやりたいことがあったんだと思う。自分がやりたいことがあるけど、「まず、あなたたちのことを考えてる」っていうのが前面にある。だから、みんな安心してるんじゃないかなー。

（2009〜2017年度）

「奇異」にしても「稀有」にしても、内外の人々が感じていたのはこの小学校が「どこか違う」ということ。それは、異色の校長がやってきて自分の思い描いた教育活動を実践させ、その校長が去ったら消えていく種類のものなのだろうか。この学校の場合、それは違うと感じる。住田校長着任当初は、校長の「提案」は「職務命令」ととらえる学校風土からか、「ユネスコスクール申請」「エコプロ参加」など、校長が提案する試みは公には教職員から大きな反対がなく通されてきたが、住田校長は「宇宙船から見て地球の緑が減っていくことに心を痛めているけれど、荒れた子どもがトイレの便器を蹴っていることは知らない人」と評されていた。「いい人だし、声を荒げて怒らない人格者だけど、学校のことは見てないよね」と。それが、3年、4年と経つと変わってきた。変わったのは「校長だけ」ではない。「教職員だけ」でもない。「関係性」が変容してきたのだと思う。校長は教職員一人一人を肯定的にとらえ、「(校長通信)○○をこめて」で思いを発信し、責任を負わせることなく任せる。また、教職員は立場をわきまえつつも、校長が真に「批判的思考」を大切にしていることを感じ、自由に意見をもつことができる(まだ全員が自由に「述べることができる」とはいえないが)。そんな関係性がここ数年の風土を創ってきた。

宇宙船から校長が、地上に降りることなく俯瞰した立場を保ちながら、現場を深く知り、見守り、要所で発信する関係づくりができてきたのは、同じ思いをもって現場を見つめ、宇宙ステーションに情報を発信する中継所の存在が大きい。本校での歴代副校長がその役割を担ってきた。

2015年に新任副校長として着任した彼女は「中継地点」としての役割をこう振り返る。

学級の子どもたちと楽しく充実した毎日を送っていた担任生活。それが、副校長としての生活に変わった。

3月末に校長面談で初めて住田先生にお会いした。副校長という立場、誰も知らない学校、よくわからないが何か特別なことに取り組んでいる学校……さまざまな不安がある中で、いろいろお聞きしたいと考えていた。しかし、面談もそこそこに、大学の先生、教育委員会等来客があり、私は、「今日面談ですよね?」と思った。聞きたいことがいくつもあったが一つだけ、「副校長として、気をつけた方がよいことはありますか?」。それに対して、全く想像をしない驚きの答えが、返ってきた。

「先生たちの邪魔をしないこと。うちの先生たちは、自分たちでやるから。相談があれば話を聞いて、あとは任せておけばいいですよ。副校長先生も、自分のやりたいことをやってくれればいいです。楽しいことを考えましょう。」

「？？？？」

「邪魔をしない？」

「任せる？」

「私のやりたいこと？」

「楽しいこと？」……………。

今振り返ると、担任をしているときは、管理職、同僚、保護者、子ども、地域の人から求められたことをしていた。自分のやりたいことをやるという発想がなかったと思う。やらなくてはいけないという使命感、責任感が強かった。そこで、住田校長から「自分のやりたいことをやってください」と言われた戸惑いのスタートであったように思う。

副校長先生という呼ばれ方にも全く慣れることなく、私はいったい何をすればよいのか、担任に戻りたいという雑念が混ざりながらの毎日が忙しく過ぎていった。

校長先生は、忙しく不在な時も多かったが、日々起こる出来事に対応することに不安はなくなっていった。前任の副校長先生のサポート、教職員が主体的に教育活動をする機運、温かくもスパイスの効いた会話のある職員室。人懐っこく元気な子どもたち、学校を理解し協力をしてくださる保護者・地域の方々。

私はこうした整った環境の中で働くことができる幸運を実感しながら、一つの疑問が湧いた。

「この学校のこの雰囲気のよさは、どのようにして創られてきたのか。」

明確な答えは、まだ見つかっていない。

話は戻るが、校長が不在なことが多い学校では、副校長の動きも他校とは違っていたのかもしれない。少々生意気に聞こえるかもしれないが、常に「校長マインド」でいること。何かを判断するときは、根拠をもとに、子どもを真ん中に据え、住田校長先生ならどうされるのかを考えるようにしていた。といってもまだ新米の副校長。主幹教諭の方々に相談しながら、「決める」ことをしていた。

校長先生から聞くお話は、すでに本校教職員が体現していることがたくさんあった。つまり、校長の目指す学校に近づいていると理解していた。それでも、学校が抱える課題はたくさんあり、その改善点を話すことでやるべきことがわかった。逆に教職員からの相談や感じている問題点、職員室の雰囲気を伝えることも大切にした。つまり、宇宙船から見ている校長先生が地上に降りてきてくださった時に、校長に必要な情報を伝え、また校長の思いや考えを教職員へふわりと伝える。それは、保護者、地域をつなぐことも同様で、その中継基地としての役目を果たしているということを、ある先生に言われた。それからは、より中継基地のアンテナを上げるようにして、キャッチした情報を必要な人に伝えるように意識した。「キャッチする」「伝える」「確認する」のつなげるサイクルが好循環を生んでいることが、仕事のモチベーションになっていた。

教職員を信じて任せるためには、サーバントリーダーシップの考えがベースにある。それと同じく大切なことが「ケア」。

迷いと不安の中スタートした副校長。たぶん、頼りなく、大丈夫かなと不安だったのは教職員だったと思う。それを我慢し、寛大な雰囲気の中、副校長を続けてこられたことに感謝している。それも、右も左もわからない新任の副校長に任せてくださった、住田校長に感謝している。2年間ご一緒して、「指示・命令」は、ほとんど無かった。あったとしても、それは「問い」。考えさせ、判断し、気づき、行動できる道筋を示していただいた。何よりも、何でも聞いてもらえるという安心感が大きかった。

講演会や研修会で話をされている住田校長は、オーラがあり、偉大な感じ。

校長室に居る住田校長は、リラックスして普通のどこにでもいる校長先生（失礼ですが…）。たぶん一度会った方は、もう一度話したい、聞きたい、聞いてほしい、会いたいとなるはずである。

住田校長のおかげで、管理職として志すことがはっきりと自分の中に見えたことに感謝している。ただただ、感謝の気持ちでいっぱいである。ありがとうございました。

２０１８年４月。住田校長がこの学校を去った時、副校長は、「昌治ロス」を言外に匂わせる教職員に「前を向いて行こう」と語った。どんなにすばらしい実践が行われていたとしても、過去の形に固執するのはＥＳＤではない。新しい校長、新しいメンバーで個性を認め合い活かし合う新しい関係を創っていこうとする気風が学校の持続可能性を支えていく、と。

異色の校長が去ったあと、変わらないものが残ると私は思う。残しておきたいもの、それは「ユネスコスクール」「エコプロ」といった形ではなく、「ケア」「つながり」を大切に「変化を恐れずに、子どもたちの50年後を見据えて実践する」、学校・地域の「ＥＳＤ風土」とも呼べるものではないだろうか。

あとがき――ブラックではなくカラフルで元気な学校

学校は校舎の色からグレーのイメージがもたれているようです。それはどちらかというと色がなく、冷たい感じさえします。学校が壁で囲まれていて、外から見ると閉鎖的にも感じてしまうのでしょう。学校の壁（心の壁）を低くして、周りとの間に橋（心の橋）を架けながらつながりをつくっていかなければ、グレーのイメージを変えることはできません。学校でやっていることが周りの人によくわかり、地域や家庭との連携が密になればグレーではなくカラーのイメージに変わっていくでしょう。

最近は、ブラック部活、ブラック職場等々、長時間労働でブラックなイメージが蔓延する学校になっています。しかし、決して学校はブラックではありません。教室に目を向けると多様な子どもたち、職場も多様な教職員やボランティア、時には企業やＮＰＯ等の協力者等々、学校には多種多様な人々が集うようになってきました。そして、学校は、子どもたちの成長のために、自分の時間を惜しみなく使うユニークな場所です。これをブラックというのでしょうか？　とてもカラフルで明るい場所なのではないでしょうか？　決して、ブラックではないですし、ホワイトでもブルーでもありません。一色にしてしまうとすれば、それこそ問題です。多様性が重要視される今、学校の多様性カラフルにしっかり目を向け、それぞれの色を尊重することが肝要です。画一的に一つの色にしようとするならば、ブラックであろうがホワイトであろうが避けなければなりません。私たちが目指す学校の姿は、一人一人の色が尊重され、その色が輝くカラフルです。学校は、本来、ブラックやホワイト、カラーでもなく、カラフルなのです。特にブラックな学校なんていう悪いイメージは一刻も早く払しょくし、カラフルなイメージに変えていかなければなりません。だれが、未来をつくる教育の場をブラックにしようと思うでしょうか。日本中のすべての教育に関わる人が学校をカラフルなイメージに変えていくことができるのならば、未来は明るいのではないでしょうか。これからの教育のキーワードは「カラフル」です。

　これから、私たちが望む持続可能な社会を創っていくためには、一人一人が自分らしさを発揮し、活躍することができる教育環境にしていかなければなりません。この本には、そのために大切にしたいこと、心がけたいこと等、学校づくりへの思いが込められています。

　学校全体が持続可能な社会を創るための教育環境になっていくためには、今問題視されている教職員の働き方も重要なテーマになります。「元気な学校は、元気な教職員から」「持続可能な学校は、持続可能な教職員の働き方から」です。その働き方も、多様性カラフルであるべきです。一律に働き方を決めるような改革は、結果的に現場は白けてしまいます。現在の学校の様子を見ていると、「元気がない」「忙しすぎる」「やりたいことができない」「いつも疲れている」「これ以上、やらなければならないことが増えたら困る」等々、ネガティブな話をよく聞きます。もっと、自分の生活を大事にしながら働き方を考えていいのです。それぞれ、生活環境も違うわけですから、働き方も違って当然です。みんな同じにしようとするから苦しいのです。働き方に、白も赤も青も紫も……あってていいじゃないですか。

ESDも、学校全体さらには教育の在り方そのものを対象にしていく段階にきているのではないかと考えます。「元気な学校」「先生たちが仲良く、やりがいをもって働く学校」が実現するのは、ホールスクールアプローチで進めるESDの賜物です。ぜひ、日本中の学校で実践することをお勧めしたいと思います。ESDは、時間がかかり、関わるすべての人の意識変革が求められますが、確実に持続可能な未来への変化をもたらすものです。学校での取組みによって、子どもが地域社会を変えていこうとする担い手となっていく姿を見ることは持続可能な未来を描くうえでも、明るい希望です。

最後になりましたが、本書刊行に当たりまして、熱心に関わり続けていただいた聖心女子大学の永田佳之教授、原稿や資料を寄せていただいた教職員、PTAの皆様、イラストを描いて下さった新井真理さん、皆さんのお原稿をまとめ私の語りも引き出して下さった長谷川吏子さん、編集作業を一緒に担って下さった広木敬子さんに心より感謝申し上げます。学文社の落合絵理さんには、持続可能な学校教育への希望をもって、お力添えをいただきました。厚く御礼申し上げます。

2018年 秋

住田　昌治

著者紹介

住田昌治（すみた まさはる）

1958年生まれ。島根県浜田市出身。

1980年より横浜市の小学校に勤め始める。2010年～2017年度横浜市立永田台小学校校長。2018年度～2021年度横浜市立日枝小学校校長。2022年度より学校法人湘南学園で学園長・常任理事を務める。「円たくん」開発者。教職員や児童生徒が自律自走するための学校組織マネジメント・リーダーシップやESD／SDGs、働き方等の管理職研修や教育講演、新聞や雑誌の連載や記事執筆を行い、カラフルで元気な学校づくりで注目されている。

日本持続発展教育（ESD）推進フォーラム理事、ユネスコスクールレビューアドバイザー、かながわユネスコスクールネットワーク会長、埼玉県所沢市ESD調査研究協議会指導者、横浜市ESD推進協議会委員、日本国際理解教育学会会員、持続可能な地域創造ネットワーク会員、オンラインサロン「エンパワメント」「みらい塾」講師他。著書に、『できるミドルリーダーの育て方』（学陽書房 2022）、『若手が育つ指示ゼロ学校づくり』（明治図書 2022）、『「任せる」マネジメント』（学陽書房 2020）などがある。

編集協力　広木　敬子　横浜市立上寺尾小学校校長
　　　　　長谷川吏子　横浜市立西寺尾第二小学校
　　　　　横浜市立永田台小学校教職員有志（2016年度）
イラスト　新井　真理　横浜市立中村小学校

カラフルな学校づくり　－ESD実践と校長マインド－

2019年1月25日　第1版第1刷発行
2022年10月25日　第1版第5刷発行

著者　住田　昌治

発行者　田中　千津子
発行所　株式会社　学 文 社

〒153-0064　東京都目黒区下目黒3-6-1
電話　03（3715）1501（代）
FAX　03（3715）2012
https://www.gakubunsha.com

印刷所　新灯印刷

ISBN978-4-7620-2862-5